ちくま学芸文庫

釈尊の生涯

高楠順次郎

筑摩書房

1　説法の仏（犍陀羅彫刻）

印相は転法輪の印
師子座面は入定の仏と礼拝男女

序

昭和十年四月一日から十日まで、「釈尊の生涯」と題して放送したものの速記があった。色々の方面から出版したい希望もあったが、少し考える所があった為にそのまに捨てて置いた。今大雄閣で是非出版したいと云うことであったから、先ず絵の材料を選び、サンチ、バルハット、アマラヴティ、犍陀羅の彫刻、アジャンタ窟院の壁画、桐谷洗鱗、野生司香雪両画伯、伊東忠太博士の画から、世尊の生涯の場面に適したるものを採り、軽い青年の読物として世に問うこととした。また放送の時には省略した「大聖教化の特性」と云う一篇を加えて、世尊が時代思想に対しては平等主義を採り、教団の組織に関しては自治主義を教え、一般民衆に対しては互尊主義を説かれたことを詳説した。

この放送では、その総説にも言った通り、主として人間性の釈尊を画いて見たつもりである。大乗では余りに超人間性の理想の仏を画かんとした為、北伝の経典から仏を見たフランスのセナール、オランダのケルン両氏の如きは、仏は歴史上に存在した人格ではなく、太陽神話から作り上げた神格であるとした。然るにドイツのオルデンベルヒ、イギリスのリスデーヴィッツ両氏が、南伝の経典から見た人間性の現実の仏を精しく画き出せるに至って初めて一般に歴史上の大人格の存在を認め、大聖の教化を崇むるに至ったのである。西欧の眼から見ると、北伝が極めて神話的創作的であるのに対して、意外にも南伝は極めて歴史的人間的であるのに着眼したのである。これが久しく南伝仏教をして歴史的であり、原始的であるとの名声を独占せしめた所以である。

この大小乗経典の差異は最も明らかに大涅槃を物語る経典に顕われて居る。凡そ大小乗発展の歴史に於て、仏の涅槃ほど重要の地位を占むるものはない、涅槃の見方で大小乗の判別も起って来るのである。形式派の小見では仏は涅槃に依って不可見相に入られた、不可見の仏を可見的に彫画するすら罪悪と考えたのである。理想派の大見から見れば、仏は不可見相どころでなく不可思議の存在である、思議し得ないものを思議の世界に表現せんとするには、我々の理想として仰ぎ得る相好を画くより外はないのであるから、釈尊を画くにも、各地各様の美的表現を試みるに至ったのである。

涅槃は物質の世界から眺めたなら、一切の物質を超出した世界である。相対の世界を離れた絶対の世界である、一切の物の彼方《かなた》の光景である、「彼岸」とは最も適した名前である。先ず第一段には人間色味の生活に興味を感じない、第二段には人間愛欲の本能に囚われない、ここで既に欲愛の尽滅した境地まで進んで、心は平和に帰して居るのである、併《しか》し煩悩の鳥は逃げても、その鳥籠はそのまま残って居る。これが有余涅槃《うよねはん》である。第三段には入涅槃を機として、物質界の自然法を全く超出する、自然法とは時間と空間と因果律とである。時空因果に拘束されない存在となるのである。即ち超時間、超空間、超因果律の世界である、これが物質界の彼方《かなた》である。無余涅槃《むよねはん》の世界と云うのはこれである。これはヘンクル氏が旨く言明した Not-time, Not-space の世界である。アインシュタインの考方に依れば、時間は空間の帯同物である、静かな空間は動く時間がなければ物にならない、昔しから、この考方であったのである、「世界」も世は時であり、界は処である、「劫波」は長時の義であるが同じく形式の義がある。「宇宙」は無限の時間と無限の空間との二字を合わせたのである。さすれば時間は已に問題でない。因果律も亦そうである、ハイゼンベルヒの不確定性原理が、電子の場合に、光粒子にも物質粒子にも適合するとすれば、科学者の夢みた固定の因果律はもはや破壊されて居る。故に因果律も已に問題ではない、さすれば残る所の自然法は空間のみである、その空間はアインシュタインの所謂彎曲的空間である、つまり地円に並行した曲線の空間である、地球に沿うて山川があり空気がある、それに沿うて空間があるわけである。この空間自然の支配を離れたのが超空間界である、空間界のあらん限り有限の世界であり、相対の世界であり、業《カルマ》の世界であり、因果の世界である。仏教に所謂二而《にに》の世界で差別の境がある、此界の彼方《かなた》が彼岸《ひがん》である、これが涅槃界である、真空界である。迷を離れた一切智の世界である。

上示の如く説けば素人にはよく分る、併しこれは小乗の偏空説である、対立界の外に絶対界を別立せしむるは矢張り一つの対立界を作るのである。差別界の外に平等界を作るは矢張り一つの差別界を作るのである。是の如きを仏教では「悪平等」として排斥する。有限界に無限界を対立せしむるのはヘーゲルでさえも「悪無限」と称して居る。矢張り有無を超越して綜合した所に真の無限がなくてはならぬ、有空を超越した所に真空が求められねばならぬ。物質世界相対の法に依れば無から有は決して生じない、有空を超越した大乗の空は何物もないのではなく、何物も有り得る、何物とも成り得る、何物をも含める空である、故に真空《しんくう》は妙有《みょうう》である、無一物中に無尽蔵が含有されてあるのである。これが二而《にに》の世界を離れずして不二の世界の在る所以である、六大無礙の理法身がそのまま三密荘厳の智法身である、言換えて見れば真空がそのまま妙有である、差別をそのままに平等を認めなくてはならぬ。故に涅槃は此の物質界の彼方《かなた》に求むべきではなく、此土に求むべきである、此岸彼岸の隔てなき心境を指して涅槃（心の平和）と名づくるのである。此岸へ出でて彼岸に到ったと云うのは出入自在の聖地に達したことである。是の如くに去ると云うことは是の如くに来ると云うことである、去来自在の境地に達したことである。つまり送る仏も迎える仏も同一である。ここでは第二義の体の研究を超えて第一義の如の研究に入らねばならぬ。虚空界は一切の分別を離れ、分別もなく無分別もなきが如き真如の世界の風光である。これを平面に説けば此土と彼土とは絶対に別である、これを立体に説けば穢国がそのまま楽国である。併し斯ることは仏教以外の人々には容易に分らない。釈尊の生涯は一般に分るように話したつもりであるから、この序言は却て無用の長物であるが、涅槃が仏自論の本源であることを暗示する為にここに一言したのである。

昭和十一年七月　同情節

武蔵野紅雲台にて

高楠順次郎識

目次

釈尊の生涯

一　序説

今年（昭和十一年）は釈尊誕生《しやくそんたんじよう》の二千五百二年であります。聖徳《しようとく》太子《たいし》が仏教を御採用に成りましてから、既に千三百四十二年であります。この永い間、仏教を奉じて居りますけれども、我国の仏教者は、案外釈尊の伝記《でんき》に就ては認識《にんしき》が不足なのであります。各自の宗《しゆう》派《は》の祖師《そし》の伝記《でんき》に就ては、精《くわ》しく識って居る人が多いのでありますが、この総ての仏教の大恩教主《だいおんきようしゆ》である釈迦如来の生涯《しようがい》に就ては、もっともっと認識《にんしき》を深めなくてはならぬのであります。印度五千年の文明《ぶんめい》の歴史《れきし》の上でも、最も華《はな》やかであったものは、何と云っても「仏教印度《ぶつきよういんど》」であったのであります。宗教《しゆうきよう》として見ましても、又哲《てつ》学《がく》として見ましても、美術《びじゆつ》の方面から見ても、又建築《けんちく》の方面から見ても、今に遺《のこ》っている一切経《いつさいきよう》の大文学《だいぶんがく》から見ても、又印度で発掘《はつくつ》せられた芸術的遺品《げいじゆつてきいひん》から見ても「仏教印度」に及ぶ時代は前後にその類例《るいれい》がないまでに異彩《いさい》を放《はな》って居るのであります。殊に仏教王朝《ぶつきょうおうちょう》と言って宜しい王朝時代の栄《さか》えたことは、実《じつ》に驚くべきものがあるのであります。第一に初て印度を統一《とういつ》した阿育《あいく》〔アソーカ〕王の孔雀王朝、西域《さいいき》から印度を統一《とういつ》した迦膩色迦《かにしゅか》王の月氏王朝、それに次いで崛多《グプタ》王朝波羅《パーラ》王朝と云うような仏教王朝を挙《あ》げて見ますと、その偉観《いかん》は実に印度の歴史《れきし》を飾《かざ》るに相応《ふさわ》しく目覚《めざま》しいものであったのであります。この華《はな》やかな「仏教印度」の原動力《げんどうりょく》であったのが釈迦如《しゃかにょ》来《らい》で、而もその在世《ざいせ》は実に八十一年と云う長い生涯《しょうがい》でありました。そうしてその説法《せっぽう》せられました期間計《きかんばか》りでも五十一年であります。世界の他の教祖《きょうそ》に斯《こ》う云う長い生涯を送られた方《かた》は類例《るいれい》がないのであります。これを手短《てみじか》にお話することは極めて困難《こんなん》でありますけれども、釈迦如来の一生の中で人間性《にんげんせい》として人間味《にんげんみ》のある釈尊を描《えが》き出してお話して見たいと思うのであります。

注　意

王朝の中、グプタ王朝とパーラ王朝とは全く仏教ではないのでありますが、仏教に関係の最も深い時代であるから、ここには仏教王朝としたのであります。

二　悉達太子の誕生

　第一にお話致しますのは釈迦如来《しやかにょらい》――悉達《しった》太子の誕生《たんじょう》であります。雪山《せっさん》〔ヒマーラヤ〕の南の麓《ふもと》にタライの森と云う森林《しんりん》がありますが、その近くに迦毘羅《かぴら》国と云う富裕《ふゆう》の国があった。此処《ここ》には釈迦《しやか》族《ぞく》と云う人種が住《す》んで居た。白色人種であるアリヤ民族の最も早く印度に移住《いじゅう》したものの一つに日氏《にっし》と云う種族《しゅぞく》があった、その正系《せいけい》であると号《ごう》して居る部族が釈迦族であります。

　時の国王浄飯《じょうぼん》大王の皇后《きさき》は藍毘尼〔ルンビニ〕と云う本名《ほんみょう》を持って居られるのでありますが、普通《ふつう》は摩耶夫人《まやぶにん》と申して居ります。迦毘羅《かぴら》城の奥御殿《おくごてん》の夏の涼《すず》しい夜、摩耶夫人《まやぶにん》は二人の侍女《じじょ》に葉団扇《はうちわ》を以て双方《そうほう》から扇《あお》がれて憩《やす》んで居られたのであります。ところが夜深くなって遽《にわ》かに驚《おどろ》かれた容子《ようす》でありまして、ふと声をあげられた。そこで侍女《じじょ》が何事かとお顔《かお》を拝《はい》すると、嫣然《にっこ》と笑《わら》って居られたので

迦毗羅国浄飯王の后
摩耶夫人の懐妊

ルンビニ園の静養

蓮池の入浴

あります。「どう致しましたか」とお尋ね致しますと、「今六つの牙《きば》のある白い象《ぞう》が天から降《くだ》って来て、そうして自分《じぶん》の胎内《たいない》に入ったと思って一度は驚《おどろ》き、声《こえ》をあげたような心持《こころもち》がしたのであるが、その後何となく快《こころよ》く感《かん》じた」と斯う云うお話であった。その月《つき》から懐妊《かいにん》の身《み》となられまして、段々《だんだん》に月日も経《た》ち、胎内《たいない》二百八十日の成長《せいちょう》も、はや残り少なになりまして臨月《りんげつ》近くなったのであります。摩耶夫人《まやぶにん》の故郷《こきょう》は隣国《りんごく》の拘利城《こうりや》と云うのでありますが、その国境《くにざかい》に近い所に離宮《りきゅう》があったのであります。それを今は藍毗尼《るんびに》園〔ルンビニヴナ〕と申して居りますが、そこに産殿《さんでん》を設けて重《おも》き身《み》を養《やしな》われることになった。印度の風俗《ふうぞく》として昼《ひる》と晩《ばん》と二度水浴《すいよく》する――水に入って身《しん》体《たい》を浄《きよ》めるのでありますが、摩耶夫人《まやぶにん》も御苑《ぎょえん》の春深《はるふか》き四月八日の真《ま》昼《ひる》近く、藍毗尼《るんびに》園の西南の方にあります蓮池《はすいけ》に入って水浴《すいよく》せんとせられた。廻廊《かいろう》を過《す》ぎて石段《いしだん》を下りて、華《はな》と水《みず》と相映《あいえい》じて、清《きよ》らかに澄《す》み渡って居る池の水の中に入って身体《しんたい》を浄《きよ》めて居られた。そのうち遽《にわ》かに産気《さんけ》づかれたのであります。これではならぬと、急《いそ》いで北の方の産殿《さんでん》に帰《かえ》ろうとして水から出られたのでありますが、北に向

2　仏の托胎（バルハット彫刻）

阿育王時代の梵字題名上部に在り　Bhagavata-sankranti（世尊の降胎）と記せり、摩耶夫人の夢想白象飛来の光景を示す、足部に燭台一基あり面部床下に水瓶あり一老女は白象の前に合掌し一侍女は払子を握り　一侍女は手を挙げて驚きの意を表す

3　無憂樹下に於ける仏の降誕（桐谷洗鱗筆）

図の上辺は無憂華咲き満ち、花下侍女四
人相追うて太子の誕生を伏拝せるを示す
図の下辺は南苑の浴池、紅白の蓮華遍く
開敷し華水相映じ白鳥三五波紋を画きて
蓮葉を啄む。春麗らかなるルンビニ御苑
の光景

4　無憂樹下に於ける仏の降誕（犍陀羅彫刻）

図の両辺は希臘式アカンサス柱を以て区劃し、上辺は無憂樹にて掩われ摩耶夫人は右手を以てその一枝を攀じ足は希臘立女の姿勢にて立ち、梵天は白氈を以て今しも右脇より生れたまいし仏を受けつつあり。夫人の左側に在りて介抱しつつあるは帝釈天なるべし、その左辺に立てるは女性なれど介抱中の帝釈天の金剛杵を預り持てるものなるべし。手を口に掩えるは驚きを表せるか　ここに双象水を吐き聖体を浄む（人文の基調としての仏教　第二図参照）

って僅《わず》かに二十歩《ぽ》許《ばか》り行かれますと、もう一歩も動《うご》くことが出来《でき》ない。そこで傍《かたわら》にあった無憂樹《むゆうじゅ》〔アソーカ〕の花が今を盛りと咲乱《さきみだ》れて居ったので、手を延《の》ばしてその枝につかまられた時に、右の脇から太子が誕生《たんじょう》せられたのであります。お生れになると、そこに雌《めす》と雄《おす》と二匹の象《ぞう》が現《あら》われて、温《あたた》かい水と冷《つめ》たい水とを双方《そうほう》から湛《たた》えて太子の身体《しんたい》を洗い浄《きよ》めたのであります。すると太子は突然《とつぜん》立ち上られて、静《しず》かに四方に向って歩《あゆ》みを運《はこ》ばれた。東へ七歩、南に七歩、そうして西へも北へも七歩宛歩《ずつあゆ》まれ、更に真中《まんなか》に帰られて、右の手は天を指し、左の手は地を指して、そうして声《こえ》高らかに唱《とな》えられた。「天上天下《てんじょうてんげ》唯我《ゆいが》独尊《どくそん》、三界皆苦《さんがいかいく》我当レ安レ之《われまさにこれをやすんずべし》」と、斯《こ》う云うことを宣言《せんげん》せられたと云うのであります。この意味《いみ》は「天の上にも、地の上にも、唯我独《ただわれひと》りが世間《せけん》から尊《たっと》ばるべき資格《しかく》のあるものである。」何故《なぜ》かと言えば「三界《さんがい》の生類《しょうるい》は皆《みな》苦に悩《なや》んで居る。我は慥《たし》かに之《これ》を安んじ得るからである」と云うのである。傍《そば》の人々はこれを聴《き》いて、非常に愕《おどろ》いた、生れたばかりの太子が斯う云う大宣言《せんげん》をなされようとは思わなかったのであります。

命名

迦毘羅《かぴら》城の王宮では太子が御誕生なされたと云うので、宮中も、府中《ふちゅう》も俄《にわ》かに春めき渡って喜びに渦巻《うずま》いて居ったのであります。殊に浄飯《じょうぼん》大王は齢《とし》が三十歳でありまして、初めての太子の御誕生でありますから、そのお喜びは並大抵《なみたいてい》のことではなかった。そこで御名も悉達《しった》太子〔シッダールタ〕と名付けられた。これは一切の目的《もくてき》が成就《じょうじゅ》する〔一切義成《いっさいぎじょう》〕と云う意味でありまして、大変芽出度《めでた》い名前であります。又印度の習慣《しゅうかん》として、仙人《せんにん》の名前を必ず付けなければならない、太古の行者の系統としての仙名であります、その名前を喬答摩《ごうたま》〔ガウタマ〕と名付けられたのであります。

七日後摩耶夫人の薨去

この芽出度《めでた》い喜びの間《あいだ》に、藍毘尼《るんびに》園の産殿《さんでん》からは悲しい報告《ほうこく》が参りました。摩耶夫人《まやぶにん》は産後《さんご》の肥立《ひだち》が悪《わる》く、七日後には遂に亡《な》き人の数《かず》に入られたと云うことであった。そこで摩耶夫人《まやぶにん》の妹摩訶波闍波《まかぱじゃは》提《だい》〔マハープラジャーパティ〕と云う方《かた》が姉君《あねぎみ》に代《かわ》って太子を養育《よういく》することとなりました。そうして太子《たいし》の成育の後まで極めて親切に養《よう》護《ご》の任《にん》を尽《つく》されたのであります。

仙人の予言

その頃《ころ》、雪山《せっさん》の麓《ふもと》の黒山《こくざん》の奥深く住んで居った阿斯陀仙人《あしだせんにん》が、弟《で》

5　仏の四方七歩の宣言（東大寺誕生仏像）

太子は生後間もなく四方に向って七
歩ずつ行き、還りて中央に立ち、右
手は高く天を指し、左手は低く地を
指して高声に宣言したまう

天 上 天 下 唯 我 独 尊
三 界 皆 苦 我 当 安 之

＝天の上にも天の下にも唯我独り尊し、
三界は皆苦なり我当に之を安んずべし＝

6　阿私陀仙人の予言（野生司香雪筆）

浄飯大王の前に仙人参向し太子を相する図。太子は摩訶波闍波提（摩耶夫人の妹）に抱かれたまう、侍女一人は孔雀の羽扇を持ち一人は香箱を捧げ、一人は小師子旗を持つ　その前に摩竭魚の香炉台あり　下に水瓶水盤あり白蓮を盛る　大王の右には師子の置物あり、仙人柱杖水瓶皆真容を写せり子《し》の那羅陀《ならだ》を連《つ》れて迦毗羅《かぴら》城に参って今お生れになった太子に拝顔《はいがん》を願《ねが》った。仙人は太子を拝みながら涙を流して申上げた。「太子は寔《まこと》に奇瑞《きずい》の相《そう》に富《と》んで居られます。若し世に在《いま》さば転輪聖王《てんりんじょうおう》〔皇《こう》帝《てい》〕となって天下を治《おさ》めたまうでありましょう。若し出家したまわば仏陀《ぶつだ》〔覚者《かくしゃ》〕と成られて、普《あま》ねく人類を救済《きゅうさい》したまうでありましょう」と斯《こ》う云うことを申上げて、さめざめと泣《な》いて居った。「何故泣くか」と尋ねられると、「私の齢《とし》は既に老いて太子の生先《おいさき》を見ることも出来ず、その説法《せっぽう》も聴《き》くことも出来ないのであります。それが為に悲しみに堪《た》えませぬ」と斯う申上げたのであります。

解説

これで太子の誕生のお話は終りましたが、誕生のことは少し解説を要することがありますから、これから少し解説を試みることに致したい。

右脇　太子が右の脇《わき》から生れられたと云うことは極めて不思議《ふしぎ》な話でありますけれども、印度ではこれは決して不思議《ふしぎ》ではないのであります。印度の最も古い婆羅門《ばらもん》教のお経に吠陀《ヴェーダ》〔智〕と云うのがありますが、その吠陀経典《ヴエーダきようてん》の中に「造物主《ぞうぶつしゆ》の神が人類を造った時に、婆羅門《ばらもん》族は神の頭《あたま》から生れ、王族は神の脇《わき》から生まれ、農商民《のうしようみん》の平民《へいみん》は腹《はら》から生まれ、奴隷《どれい》族と云うのは印度人であって、アリヤ人種に征服《せいふく》せられたものであるが、この奴隷《どれい》族は足から生まれた」と説いてあります。斯《こ》う云うことが聖典《せいてん》の中に教えられてあるのは、これは白人種《はくじんしゆ》が被征服者《ひせいふくしや》たる印度人を奴隷《どれい》族とした申訳《もうしわけ》に、この経典《てん》の中でこれを裏付《うらづ》けんとしたものであります、併《しか》しこの伝説《でんせつ》は印度人の頭には神伝《しんでん》として大切にせられて居るのであります。太子は王族でありますから右の脇《わき》から生れられたと云うのは印度人の耳には当然過《とうぜんす》ぎる程《ほど》当然であるのであります。若し外の方面から太子がお生れになったと云うことであると、それでは太子は王族ではないのであると斯う云うことになるのであります。併しこれは支那《しな》へ来ますと、極めて不自然《ふしぜん》である、身体《しんたい》の上部を裸形《はだか》で膚《はだ》を露《あら》わして居ると云うことは支那では不都合《ふつごう》でありますから、龍門《りゆうもん》の石窟《せきくつ》の彫刻《ちようこく》も、又日本に初めて百済《くだら》の聖明《せいめい》王から宮中に献上《けんじよう》したと云う誕生仏《たんじようぶつ》も、何れも摩耶夫人《まやぶにん》の袖《そで》の中から太子が頭を出して居られるように彫刻してあります。これは支那《しな》朝鮮《ちようせん》へ来て、支那朝鮮の風俗《ふうぞく》に拠《よ》って多少仏像《ぶつぞう》にも変化《へんか》が生じたと云うわけであります。

双　龍

それから又ここに二疋の象《ぞう》が現《あら》われて、温涼《おんりよう》の水を湛《たた》えて太子を洗い清めた。ここに象が出て来るのは、異様《いよう》に感《かん》ぜられるかも知れませんが、これも印度では極めて自然で、蓮池《はすいけ》に花が咲いて居る画がありますと、時に二疋の象が描《えが》かれてある。父の象と母の象とが子象を真中《まんなか》にして両方から代る代る水を注《そそ》いで子象を洗って居る姿《すがた》は、実に美《うる》わしいものであります。殊に太子は六牙《ろくげ》の白象《びやくぞう》の姿となって摩耶夫人《まやぶにん》の胎内《たいない》に入られたと云うのでありますから、そこに父の象、母の象が現われて水を湛《ただ》えて浄めると云うことは、極めて印度人には自然《しぜん》に聞《きこ》えるのであります。ところが印度では象《ぞう》と云う字と龍《りゆう》と云う字は同じ文字で「ナーガ」と云うのであります。それで支那へ来ますと、これを翻訳《ほんやく》して双龍《そうりゆう》が温涼《おんりよう》の水を湛《ただ》えて太子の御身《おからだ》を浄めると云うことになって居ります。これも象の居ない支那では不思議のようで不思議ではないのであります。

四方七歩の宣言

仏は生れながらの大使命《しめい》を以て世に出られたので

あると云うことを示そうとして、成道以後《じょうどういご》の仏が宣言《せんげん》さるべきことを、生れたばかりの太子の口を借りて言明《げんめい》したものと見ても宜しい、又太子が実際に四方に七歩進まれて、この宣言を為されたものと見ても宜しいのである。この解釈《かいしゃく》は聞く人の自由に任せて宜しいのである。何れにしてもこの宣言の内容《ないよう》は事実であって、天上天下唯我独尊であることは間違《まちが》いないのであるから、自ら言っても言われなくても、仏の大使命《だいしめい》、大抱負《だいほうふ》はここに十分に表明《ひょうめい》せられてあるのである。四方に向って歩まれたのは空間を示し、四方に七歩ずつ歩まれたのは、月が二十八宿を渡るのであるから時間を表したのである。つまり横《よこ》に十方に亙《わた》り、縦《たて》に三世を貫《つらぬ》く永遠《えいえん》の宣言であることを意味したのである。天を指し地を指されたのは、人天の大導師《どうし》たることを示されたものである。

蓮華

太子が四方七歩を歩まれた一歩々々の足の下に蓮華《れんげ》が咲《さ》き出でたと云うのである。仏が成道《じょうどう》された時にも菩提樹《ぼだいじゅ》を観《み》ながら経行《きんひん》〔散歩《さんぽ》〕せられた、その時も一歩々々に蓮華《れんげ》が咲いたと云うのである。その原因《げんいん》は摩耶夫人《まやぶにん》が蓮池《はすいけ》に水浴《すいよく》せられた時に、仏が誕《たん》生《じょう》せられたから、不思議《ふしぎ》の生は恒に蓮華を以て表《あら》わすこととなったのであります。仏像を絵に書かない時代の誕生仏は単《たん》に一台の蓮華のみで誕生仏を現わしてあるが、又は蓮上に立って居られる摩耶夫人のみを以て表《あら》わしてある。これは太子を画《えが》かず仏の母のみを画いてあるのである。それから凡夫《ぼんぷ》が極楽《ごくらく》に生れるのも、不思議《ふしぎ》であるから、蓮華の上に生るることとなって居る。つまり仏の誕生《たんじょう》も、仏の遊行《ゆぎょう》も、仏《ぶつ》の力に依る凡夫《ぼんぷ》の往生《おうじょう》も、皆蓮華《れんげ》を以て表《ひょう》するようになったのであります。蓮華は恒河《ごうが》〔ガンジス〕にあるのみで、印度川にはないのである。そこで賢瓶《けんびょう》と云う黄金《おうごん》の甕《かめ》に蓮華が生けてあることがある、賢瓶は恒河《ガンジス》の水を容れたものである。初めは実物《じつぶつ》の蓮華であったが、次には泥《どろ》の中から生《は》えて泥《どろ》に染《そ》まない清浄性《しょうじょうせい》を貴ぶ心から譬喩《ひゆ》として蓮華を用い、遂《つい》には「蓮華《れんげ》の宗教」と名《なづ》けても宜しいほどに仏教を蓮華化《れんげか》したのであります。

ルンビニ皇后

ルンビニの名はこれをルンビニーと長く引いても宜しい、何れでも宜しいのであるが、これは摩耶夫人《まやぶにん》の本名であったのである。ルンビニ園の西北の隅には今現にルンビニ皇后の廟がある。その時の名もルンミンディと云うのであるが、これも梵語ルンビニデービー〔ルンビニ皇后〕の訛《なま》りである。仏母摩耶夫人の薨去《こうきょ》は非常《ひじょう》な印象《いんしょう》を与えたのでありましょう。印度には滅多《めった》にない霊《れい》廟《びょう》が今に存して居る。西紀前二百六十年頃阿育王《アソーカ》は、仏がここに誕生せられたと云う理由で、この村を永遠《えいえん》の免租地《めんそち》と定められた。その勅碑《ちょくひ》は廟の附近に今に存して居る。この勅文《ちょくぶん》の拓本《たくほん》は帝大仏教青年会館に掲《かか》げてある。名古屋松阪屋伊藤氏も所有して居る。今日はこの村は雪山辺国《へんこく》尼《に》波羅《ぱうる》国の領地《りょうち》である、同国首相《しゅしょう》で政権《せいけん》を握《にぎ》れるサー・チャンドラ・シャムセール氏は仏教に理解《りかい》のある人で、仏教巡礼者《じゅんれいしゃ》の為にこの地に法堂《ほうどう》〔ダルマサーラ〕を設けて宿所《しゅくしょ》とし、この廟に於て婆羅門《ばらもん》者が羊を殺して犠牲《ぎせい》に供《きょう》することを厳禁《げんきん》したのである。全仏教国民《こくみん》の遍《あまね》く感謝《かんしゃ》を表すべき聖業《せいぎょう》と謂わねばならないのであります。

仙人の預言

仙人の預言《よげん》はありふれたものであるから、太子誕生の時にも必ずあったことと信ずる。仏の一生から考えて見ると転輪聖《てんりんじょう》王《おう》と云う名は常に仏の胸《むね》の中に往来《おうらい》して居ったと思われる。なぜかと云えば、第一に仏は自分の説法《せっぽう》を転法輪《てんぽうりん》と名けられた。第二に仏は転輪聖王《てんりんじょうおう》の七宝の代りに三宝を立てられた。第三には仏が涅槃《ねはん》に入られる前に阿難《あなん》が仏滅後《めつご》の葬法《そうほう》を如何にせんかとお尋ねした。仏は転輪聖王《てんりんじょうおう》の葬法《そうほう》に依れと仰せられた。第四に仏弟子は勿論そう思って居たらしい、仏の相好《そうごう》を表するに転輪聖王《てんりんじょうおう》の三十二相を以て表して居る。以上の諸点から見て仏は精神界《せいしんかい》の転輪聖王《てんりんじょうおう》を以て自ら任じて居られたことは明白であります。

転輪聖王《てんりんじょうおう》とは天下を統一《とういつ》する皇帝《こうてい》のことで、何故かかる名を附けたかと云うと、転輪聖王《てんりんじょうおう》に七つの宝《たから》がある、その中に輪宝《りんぽう》と云って金の輪がある、これは武器《ぶき》である、これを投げると四方に輾転《てんてん》して遂に自分の処に還《かえ》って来る。南洋の濠洲《オーストラリヤ》の半輪器ブーメラング〔飛去来器〕と同じようなものである。聖王はこの輪宝の飛び廻った範囲《はんい》の国土を統治《とうち》すると云うのである。そこで転輪王とも又飛行《ひぎょう》皇帝《こうてい》とも名けらるる理想《りそう》の帝王であります。

三　太子の出家

当時《とうじ》釈迦《しやか》族《ぞく》の棲《す》んで居た雪山の南の麓なる平原一帯《へいげんいったい》は、農耕《のうこう》に適《てき》した地方であって、大変に好い米の出来る処であります、大人米《だいじんまい》、香稲《こうとう》など優《すぐ》れた米の産地《さんち》であります。それでありますから国王の名前も浄飯王《じようぼん》とか、白飯王《びやくぼん》とか、斛飯王《こくぼん》とか、甘露飯王《かんろぼん》とか飯《はん》の字の付いた王様の多いのも、これに因んだ訳であろうと思います。

耕耘の祭

生物相食

毎年耕耘《こううん》の祭りがある、田を耕す式《しき》が行われるのであります。太子は十三四の頃でありましょう、父王に伴《ともな》われて、この式に列《れつ》せられたのであります。黄金《おうごん》の犂《すき》で田を耕す儀式《ぎしき》が行われた時、偶々《たまたま》その犂先《すきさき》に鋤起《すきおこ》された泥《どろ》の中に白い虫が蠢《うごめ》いて居ったのであります。するとそれを空中から飛んで来た小鳥が啄《ついば》み去った、それを行手に待ちかまえた鷹が摑《つか》み去ったと云うのであります、それを観《み》て太子は非常に感ぜられて「あわれ、生物《せいぶつ》は相食《あいは》む」と云う嘆《なげ》きの声を漏《も》

樹下の凝念

三時の御殿

十八成婚

らされた。この生存競争《せいぞんきょうそう》の有様《ありさま》をどうかして緩和《かんわ》する道《みち》はないであろうかと云うことを考えられたのでありましょう。すっとその場を立ち去って、傍《そば》の森《もり》の中に赴《おもむ》かれたのであります。時《とき》が経《た》って太子が居られないと云うので、王命に依て近辺《きんぺん》を探《さが》し廻《まわ》った、すると森の中に在る閻浮《えんぶ》〔ジャンブ〕と云う樹《き》の下に静坐《せいざ》して考えて居られる。然るに不思議《ふしぎ》なことには、その他の樹は時《とき》が進むに従って蔭《かげ》を移《うつ》して居ったのでありますが、太子の坐《すわ》って居られる樹《き》は蔭《かげ》を移《うつ》さず太子を護《まも》って居ったと云うのであります。父王は我が子ながら、この不思議《ふしぎ》があったと云うので非常《ひじょう》に喜ばれたのでありますが、それと同時に、心中窃《ひそ》かに太子の将来《しょうらい》を案《あん》じて居られたのであります。

それから父王は、段々心配《しんぱい》の度《ど》が進むに従い、印度の気候《きこう》に合せて、夏の御殿《ごてん》、冬の御殿、雨の御殿と云うように三時の御殿を造って、あらん限りの娯《たの》しみを太子に与えてその心を慰《なぐさ》めんとせられたのであります。齢《とし》も早や十八歳である。そこで仏母摩耶夫人《ぶつもまやぶにん》の実家《じっか》拘利城《こうりや》主善覚《ぜんがく》王の女に耶輸陀羅《やそだら》姫と云うのがある。それを娶《めと》ることに宮中《きゅうちゅう》、府中《ふちゅう》の議が一決《けつ》しました。そこで姫の自《じ》選式《せんしき》〔スワヤンヴ

7　閻浮樹下の静坐（亜細亜の光）

悉達太子耕耘の祭に際し、鋤き起こされたる土の虫が小鳥に喙まるるを見て　生物相食むの悲惨を感じ閻浮樹の蔭に坐し沈思す。日已に西に傾き諸樹蔭を移すにも係らず、太子禅坐の樹は蔭を停めて太子を掩う。この図は四天王が護世の手を伸ばして太子を掩い、涼蔭を献げつつある状を示したるものなり。こはサー・エドヴィン・アーノルド詞宗の「亜細亜の光」に載せたる絵の趣向なりラ」と云うのを行うことになった。自選式《じせんしき》と云うのは、どんな競争《きようそう》者《しや》が現《あら》われて来ても、その者と武芸《ぶげい》を戦わして勝った後でなければ姫の手を握《にぎ》ることは出来ないと云う慣例《かんれい》であるから、その為に行う晴れの儀式《ぎしき》である、それが姫の面前で行われるのであります。その日になりますと、或は相撲《すもう》、或は槍《やり》、或は馬術《ばじゆつ》、或は弓術《きゆうじゆつ》と云うような技術《ぎじゆつ》を闘《たたか》わすのであります。太子の従弟《いとこ》で阿難の兄である提婆《だいば》達多《だつた》が此時の第一の競争者《きようそうしや》であったのでありますが、この提婆達多とは最後まで打《うつ》つ勝《かつ》つで争うたのであります。最後に弓術《きゆうじゆつ》の競争となった、それは空中に金環《きんかん》をぶら下げて置いて、これを射透《いとお》すと云うのであります。これは遂に太子の勝利《しようり》に帰して、耶輸陀羅《やそだら》姫は太子の妃となることに何人も異議《いぎ》なきこととなった。越えて一年、妃ははや妊娠《にんしん》の身《み》となり、最早や臨月に向った。ところがその頃には太子はいよいよ出家の志しを果すことを思い煩《わず》らって居られたのであります。たまたま外苑《がいえん》に遊ばれて修行者《しゆぎようしや》の通行《つうこう》するのに逢われて「修行《しゆぎよう》の心持はどんなものであるか」とお尋ねになったのであります。それに依って道《みち》を修《おさ》むる者は極めて心の安らかなものであると

王孫出生

云うことを感ぜられ、太子の心の底には快よく響《ひび》いたらしいのであります。そこで或は静かに考え或は軽《かる》く興《きょう》ぜられて外苑内《がいえんない》を逍遥《しょうよう》して居られた。その時に宮中から急使《きゅうし》が来て「王子が誕生《たんじょう》あらせられた」と云うことを報告《ほうこく》した。太子は静かにこれを聞いて居られたのでありますが「噫《ああ》、羅睺羅《ラーフラ》！」と唯一言《ひとこと》仰《おお》せられたのであります。羅睺羅《ラーフラ》と云うことは邪魔《じゃま》と云うことであります。「噫《ああ》、また邪魔《じゃま》が出来《でき》た」と斯う云うことを仰せになったのであります。この言葉《ことば》からして無情《むじょう》の太子であると考えてはならぬ、邪魔《じゃま》と云う言葉の中には、太子の子《こ》に対する恩愛《おんあい》の捨《す》て難きことを告白《こくはく》して居られるのであります。宮中からの使者《ししゃ》は急《いそ》いで帰って、この「羅睺羅《ラーフラ》」と太子が仰せられたと云うことを奏上したのであった。そこで王は直ちに王子の名を羅睺羅《ラーフラ》と付けられた。これが仏弟子《ぶつでし》の中に見ゆる羅睺羅《らごら》尊者であります。

宮中の饗宴

　王子の誕生《たんじょう》と云うので、宮中も、府中も大騒ぎで、早くも宮中では大饗宴《だいきょうえん》が行われることになった。諸般《しょはん》の準備《じゅんび》が整《ととな》って当日になると、色々の催しが夜を日に継《つ》いで行われた、始終《しじゅう》沈み勝《が》ちなる太子

8　悉達太子の生立（アジャンタ窟院第十六洞壁画）

第一図（左上）　阿斯陀仙の占相、摩訶波闍波提夫人太子を膝にし仙に示す（他に童子二人ある如し一人は仙弟那羅陀か）

第二図（右上）　后宮団欒の状、大王、夫人、女官、太子（右下）侍童ならんか（天井上の鳩の家、壁面の楽器、鳥籠あり上より垂れたるは何物か）

第三図（右下）　姫の自選試芸の場と見たれども定かならず、中央に立てるは演技の勢を為せるも舞踊せるか角闘せるか弓を放てるか知り難し、二婦人は楽器を弄せるものの如し（他に見聞の二人あり）

第四図（左下）　悉達太子と耶輸陀羅姫との成婚の状か、破損多き為、真相弁じ難し

9　王宮饗宴の夕、宮女睡臥の状（アジャンタ窟院壁画）

宮中色味の生活を厭える太子に饗宴も舞楽もその心を惹かず、為に睡りに落ちたまえるを見て一同も疲れを休むる為め算を乱して眠る。ここに出城の機を見出したる太子は今盛装のまま右辺の御座より一瞥したまい　この有様！　と驚きの手を伸べたまう瞬間を示す

10　御者車匿白馬犍陟を牽き参進（犍陀羅彫刻）

深夜御召に依り車匿は王傘を携え
白馬を伴い内門より参進す

宮女の睡臥

太子の出城

を中心として、宮女は大王の内意を受けて、我劣《おと》らじと歌い舞い、天楽《てんがく》の音《おと》を湛《たた》えて太子を慰《なぐさ》めるのであります。然るに太子の心は一向これに惹《ひ》かるる様子《ようす》がない、暫らくすると太子は睡りに陥《おちい》られた。それを見た宮女達《たち》は張合《はりあい》もなくなり、一同算《さん》を乱《みだ》してこれも睡りに著《つ》いた。太鼓を抱いて眠って居る者がある。鼓《つづみ》を枕にして横になって居る者がある。琵琶《びわ》を手にしたまま寝《ね》て居る者もある。寝言《ねごと》を言《い》う、鼾声《いびき》を発する、天女の楽園《らくえん》も忽ちにして屍林《しりん》と化《か》したのであります。太子は眼醒めてこれを見られ、折もよしといよいよ出城《しゅつじょう》の心を堅められ、好機《こうき》逸《いっ》すべからずと考えられ、御者《ぎょしゃ》、車匿《しゃのく》「チャンナ」に「白馬《はくば》犍陟《カンタカ》を牽《ひ》け」と仰せつけられた。その間に、太子は内宮《ないきゅう》にお帰りになって静かに妃の寝室《しんしつ》に入られ、他所《よそ》ながら永別《えいべつ》の心を寄《よ》せられたのであります。その時、妃は安らかに羅睺羅《らごら》を抱いて寝て居られた。太子は羅睺羅《らごら》を抱上《だきあ》げて別れを惜しまんとせられたのでありますが、若し子の泣《なき》声に宮中が目を醒ましたならば、永遠《えいえん》に出家の志しは遂げられぬであろうと心を鬼にして犍陟《カンタカ》に跨《またが》って、石畳《いしだた》みの宮門の路を避《さ》けて後方《うしろ》の土塀《どべい》を乗越《のりこ》えて城下の市街《しがい》に出られ、一目散《いちもくさん》に東方に向って駛《は》せ去られたのであります。都城《とじょう》の出口には大鉄門が構えられてある。その門をも安全《あんぜん》に越えられて、そうして東の郊外《こうがい》に向って去られた。これが太子十九歳の七月の満月の夜であったと云うことである。太子は都城を遥に去られてから、突《とっ》然後方《ぜんうしろ》を振返って見られた。迦毗《かぴ》羅城の市街《しがい》は、白い一抹《まつ》の霧《きり》に籠《こ》められて居ります、向うの山の端《は》には白堊《はくあ》の城壁《じょうへき》が遥かに見えて居る。宮中はどうして居るであろうと考えられた時に、魔王《まおう》がかすかに耳の傍に現《あら》われて囁《ささや》いた。「今耶輸陀羅姫は眼を覚まして太子を呼んで居られます、そして宮中は上を下への大騒ぎであります。父浄飯《じょうぼん》大王は今貴方《あなた》がお帰りになれば、即時《すぐ》に玉座《ぎょくざ》を貴方《あなた》に譲《ゆず》られて貴方《あなた》を王位に即《つ》かしむると仰せになりました」と色々に誘惑《ゆうわく》の言《こと》葉《ば》を並《なら》べて太子の心を嬈《みだ》さんとしたのであります。太子はこれではならぬと鞭《むち》を挙《あ》げ驀地《まっしぐら》に東方に向って一夜に十八里を駛《は》せられた。そうして天明に阿拏摩《あぬま》川〔今のガンダキー〕の河畔《ほとり》に達せられた。馬を躍らせて河を越されて対岸《たいがん》に渡られた。もう追手《おって》の来ることはあるまいと考えられたか、太子は静かに砂の上に降《お》り立って而《そ》して

11　太子の出城（犍陀羅彫刻）

太子は白馬犍陟に跨り城門に向わんとせらるる時、四天王は太子を護る為に上空に現われ、梵天帝釈天は先導せり。殊に帝釈天はその金剛杵を馬口に擬して嘶かざらしめ、二天人は馬足を支えて音を発せざらしむ。御者車匿は王傘を翳して随後せり

12　太子出城東進（野生司香雪筆）

太子迦毗羅城の東大門を出で一意東方
阿拏摩川を指して進みたまう

13　太子魔障疾駆（桐谷洗鱗筆）

太子馬を駐めて遥かに月に輝く白堊の
宮城を眺めたまう、魔王耳辺に現われ
宮中の現状を告げ即時の帰城を勧む、
太子自警馬に鞭って疾駆したまう

阿拏摩河畔の惜別
入山学道の準備

自分の上衣《うわぎ》を脱《ぬ》いで、車匿《しやのく》童子に与えられて、そうして車匿童子の非常に真面目《まじめ》な心からなる奉仕《ほうし》を感謝《かんしや》せられた。自分の頭の飾り〔髻《もとどり》の中の摩尼宝《まにほう》〕を取ってこれを父大王に献《ささ》げよと仰せられ、また養母摩訶波闍波提《まかはじやぱだい》にも、妃耶輸陀羅《やそだら》にも夫々の飾り物を与えられ、丁寧《ていねい》の言葉《ことば》を添えられた。その時に車匿《しやのく》童子も、犍陟《カンタカ》の馬までも、倶《とも》に別れを惜しみ泣きくずれたと云うのであります。

太子は車匿《しやのく》童子を帰した後、そこにたまたま通り掛った猟夫《りようし》の樹《じゆ》皮《ひ》の着物《きもの》と自分の錦《にしき》の着物《きもの》と取り替えて、剣を抜いて自分の髻《もとどり》を切り、そうして黒山の中に入って入山学道《につせんがくどう》の旅《たび》に上《のぼ》られるのであります。

四　太子の修行

黒山《こくざん》と云うのは雪山《せっさん》の麓《ふもと》にある山林でありますが、雪山《せっさん》に入って修行《しゅぎょう》すると云っても実はこの黒山の森林《しんりん》に入って修行《しゅぎょう》するのであります。雪山を眺めて坐禅《ざぜん》し、観念《かんねん》をするのであります。黒山の修行が、印度の禅《ぜん》と云う深く考える道を発明《はつめい》せしめたのであります。西洋文明に見当らない深い思惟《しゆい》の道が養われ、遂に深い高い大きい仏教思想が永遠《えいえん》に輝き渡るようになったのも偏《ひと》えに黒山に於ける森林《しんりん》生活《せいかつ》の賜《たま》ものであります。太子も黒山に入られてあらゆる仙人の住《す》居《い》を訪われて、そして行者《ぎょうじゃ》の修行の仕方《しかた》を学ばれたのであります。行者《ぎょうじゃ》の中には、水に生えた菜《な》っ葉《ぱ》のみを食べて居る者がある、岩間《いわま》に生す苔のみを食べて居る者がある、果物《くだもの》ばかりを食べて居るとか、木の根《ね》ばかりを食べて居るとか、或は鹿《しか》と一緒に棲《す》んで居るもの、或は羊と一緒に寝起《ねお》きして居るもの、色々な修行の仕方がある、神《しん》聖《せい》な水の流れに魚鼈《ぎょべつ》の如くに浮んで居る者がある、火神の天炉《いろり》に護《ご》摩《ま》を献《ささ》げ、熱灰《ねつかい》を身に塗《ぬ》る者がある。高らかに呪文《じゅもん》を唱え念誦《ねんじゅ》の声に神の来現《らいげん》を求むる者がある、霊津《れいしん》に身を浄め灌頂《かんじょう》の力に依て罪《ざい》障《しょう》の消滅《しょうめつ》を願う者もある。色々な方法で修行しその功能《こうのう》を主張して居る。太子は黒山の山々到る処に苦行《くぎょう》の光景《こうけい》を巡視し、この人はと思われた智ある仙人に就ては苦行の目的からその精神《せいしん》をも精しく尋ね求めて研究《けんきゅう》せられたのであります。黒山の森林には森林文学ウパニシャッド哲学《てつがく》を出せし如き正系哲学《せいけいてつがく》派の仙人も多かった。唯上記の如き苦行者《くぎょうしゃ》のみの群棲《ぐんせい》ではなかった、宇宙《うちゅう》の第一原因《げんいん》を説き得たものもあった、自我《じが》の実在《じつざい》を主張《しゅちょう》し、梵我一如《ぼんがいちにょ》の秘密《ひみつ》を伝えんとするものもあった。瞑想《めいそう》と苦行《くぎょう》との両目的に心を寄せる仙行者《せんぎょうしゃ》は山の中には数限りもなく存在《そんざい》した。太子は遍《あまね》く黒山の仙居を訪い、思うままに迷界出離《めいかいしゅつり》の道を求め、朝な夕な諸仙と修行せられたのであります。

斯くして太子は凡そ五年ばかり在山せられた、瞑想も苦行も今は殆ど学び尽されたのであったが、別に心を惹《ひ》くような大仙もなかっ

仙友の勧告

一歩不南

出山南下

た、併しその間には相当に親しい友達も出来たのでありますから、辛酷《しんこく》に悟りを開く方法を講《こう》じたらと考えられるようになって来たのであります。時には心の合える仙友に向ってはその志を告げられた。「自分はいよいよ深刻に悟りを開くべき工夫《くふう》がしたいのであるが、山に止まるべきか、山を下って他に向うべきか」と云うことを御相談になった。或る仙友は「雪山は悟りを開くべき最上の舞台《ぶたい》である。雪山に於て悟りを開く用意を為すべきである、一歩不南《いっぽふなん》と云うことが行者の心得でなくてはならぬ」と言って忠告した。一歩も南に行ってはならぬと云う主張《しゅちょう》である。或る仙友はこれに反対する、雪山には幾百の仙行者が居るが、その仙人の中で、誰が悟りの道を指導し得るか、多くは病的《びょうてき》の生天行者か、或は思索遊戯《しさくゆうぎ》の空論者である、それよりも山を下って南方に行けば頻闍耶《びんじやや》〔ビンドヤ〕の山の渓谷《けいこく》には相当に偉い仙人が居る。そこへ行ったれば或は悟りを開く指導《しどう》となる者もあるであろう。早くこの山を出て南に向うべきである、出山南下《しゅつざんなんか》が先ず選ぶべき道であると勧めた。太子は後の方の出山南下に同意せられたらしい。そこで阿拏摩《あぬま》川〔ガンダキー〕の堤に沿

吠舎離国跋伽婆苦行外道

王舎城弥楼山阿羅羅迦羅摩禅行外道

空無辺処定

うて南の方に出られて、その下流《かりゅう》の吠舎離《ばいしゃり》と云う処まで行き、跋伽《ばつが》婆《ば》［バールガワ］と云う仙人を尋ねられた。これは苦行外道《くぎょうげどう》であった、雪山で多く見られた苦行仙であるから、先ずその苦行の目的を尋ねられた、彼は「苦行に依て天国へ昇る」と答えた。太子はこれも雪山にありふれた苦行仙だと思われて「商人は宝を求めて海に入る、王者は国を求めて師《いくさ》を興《おこ》す、仙人は天界を求めて苦行を修す」と笑って去られた。ここには唯一夜を過ごされたのみであった。それより少し南へ下って恒河《ごうが》を渡って摩迦陀《まかだ》国に入り、王舎《おうしゃ》城の弥楼《みる》山に住む阿羅羅《アラーラ》迦羅摩《カラーマ》と云う禅行外道《ぜんぎょうげどう》を尋ねられた。これは禅を修して居って、余程修行も進んで居る。禅はこの欲《よく》の世《せ》界《かい》に居って欲のない天界のことを考え得る道であるから苦行とは余程その趣《おもむき》が違って居るのであります。その天界の中でも、空無《くうむ》辺処《へんしょ》の心相《しんそう》を得て居った、空《くう》の無《む》辺《へん》なるを悟り得る境地に達して居ったのであります、色界《しきかい》四禅《ぜん》天を越《こ》えて、無《む》色界《しきかい》の第一天である、天国の第五界に当るのであります。太子もどの位かかられたか分りませぬが、相当に永い時日を費《ついや》して、この心相《しんそう》にまで達せられた。太子も師仙と同等に

羅摩子優陀迦禅行外道

非想非非想処定

なれたのである、ところがその上はこの阿羅羅迦羅摩《アーラーラカーラーマ》仙には教うべきものがないと云うことを見極められて、そこを去って、やはりその近傍に居った羅摩子優陀迦《ラーマシウダカ》仙人の許《もと》に到られた。これは前の仙人よりも遥に上に進んで、天国の存在《そんざい》では一番に上である非想非非想《ひそうひひそう》処《じょ》と云う境地《きょうち》まで達して居った。これは無色界の第四天で全世界の第八天で有頂天《うちょうてん》と云うので存在《そんざい》の最高天《さいこうてん》であります。この仙とも一緒に修行せられて、そうして到頭太子もそこまで達せられたのである。この上は、もはや自分は教えることは出来ない、どうか止《とどま》って自分と一緒に弟子を率いて修行をして呉れと頼んだのでありますけれども、太子は「否《いや》そうはいかない、自分の目的は、斯る天界に行くと云うようなことではない」と言って、これを辞し去られたのであります。太子は自己の行くべき所まで行くと云うことが目標《もくひょう》であって斯る大仙とは行き路が異って居るのであるから、ここをも辞して去られたのであります。

解説

耕耘祭

耕耘の祭に太子が「あわれ、生物は相食《は》む」と言われ、森に入って坐禅せられたと云う話は、釈尊に取って極めて相応わしい話であり、土地の状態にも極めて適して居るから慥に仏伝の一節と見るべきものと思わるる。仏は後に五戒を制せられても、殺生戒が第一に出て居り、他の悩みを悩むと云うことが仏心であり、慈悲の教が仏教の中心となって居り、婆羅門《ばらもん》教の犠牲《ぎせい》〔羊〕を神に献ぐることに極力抗議《こうぎ》せられたことなどから見て、仏が生存競争《せいぞんきょうそう》の結果より起る相互殺傷の悲惨《ひさん》を何とかして緩和《かんわ》せんとせらるる努力《どりょく》は自然であるから、この話は仏伝の一部として寸毫も矛盾《むじゅん》を感じないのであります。

四門出遊

四門出遊《しもんしゅつゆう》と云う話は大抵の仏伝にあるのでありますが、その余りに形式的《けいしきてき》であり、且この話が錠光《じょうこう》の伝にもありますから、今はこれを仏伝の中に入れないことにしたのであります。東門に遊び老人に逢い、それは何者かと御者に問い、何人でも老者となるかと尋ねられ、南門に遊ばれて、病者に逢い同じ問答があり、西門に出で死者に逢い、亦同じく問答せられ、遂に北門に出で行者に逢い、修行の心相《しんそう》を聞かれ、喜んで外苑《がいえん》に遊ばれた。この会話は余りに機械的で太子よりも御者の方が物知りのような感じもする、併し第四の行者に逢い問答せらるることは太子と行者との心境《しんきょう》に関係することであるから、太子出家の志を堅《かた》めらるるに必要な条件《じょうけん》である、それ故にこれは実話《じつわ》であったと見て、ここに加えたのであります。

雪山と黒山

雪山〔ヒマーラヤ〕は、高さ一万四千尺以上は常に千秋の雪を戴いて居る。入雪山の修行と云っても雪山には入ることは出来ない、高さ一万四千尺以下の山は同じ山でも雪山とは名けないで、香酔山《こうすいざん》〔ガンダマーダナ〕と名ける、香木薬木《こうぼくやくぼく》が栄えて居る、ここも修行には相応わしくない。雪山に入ると云うのは、雪山の南陲に在る一帯の山脈に入るのである。これを黒山〔カーラーヤス〕と名ける、雪の白きに対して森林は黒く見えるから名けられたものであろう。黒山に入って修行するのが印度の森林生活である。印度の文明、哲学、宗教、文学、音楽、教育悉く黒山生活から生れ出たものである。黒山の北斜面で遥に雪山に対して瞑想《めいそう》を凝《こ》らすのが樹下石上の坐禅である、師に事える伐木採薪の生活もここに行われるのである。宗教、哲学の文学を森林文学《アーラヌヤカ》と云うのもこの生活から起ったのである。所謂入山学道《にっせんがくどう》は黒山に於て行われるのであります。

五　菩薩の成道

頻婆娑羅王謁見

悉達《しった》太子は、雪山から出られて南の方平原《へいげん》の地方に向って進まれたのであります。既に有名な仙人は幾人も訪ねられて、大略、前途の予定《よてい》がついたらしいのであります。そこで王舎城《おうしゃ》の街《まち》に出られて托鉢《たくはつ》せられた。気高《けだか》い行者《ぎようじや》が現われたと云うので、街《まち》の人々は右往《うおう》左往《さおう》に著纏《つきまと》うて来るのであります。その事が何時しか宮中に聞えて、頻婆娑羅《びんばしやら》王も一度その行者に会いたいと云うので、自分で馬《うま》を駆《か》って城外に出られて、城南の槃荼婆《ばんだば》と云う山でお会《あ》いになった。そこで暫らくお話になって如何にも悉達《しった》太子の英邁《えいまい》の資《し》であることを感ぜられたらしい。そこで「我が国土の半分を分って差上げたいから国王として国を治めて戴きたい」と云うことを申出でられたのでありますが、初めて会った方に斯う云うことを言われる位《くらい》でありますから、余程太子を見込みがあると感ぜられたらしい。太子は答えて

優留頻羅村の苦行林
五仙の随従
一麻一米

「否《いや》、私は雪山下の迦毘羅《かぴら》城の太子であります。王たらんと欲すれば何時でも王になれる身分であります。私の望むことは王位でなくして覚位《かくい》〔悟りの位〕であって、この希望の為に苦労《くろう》して居るのであります」と明了に断《こと》わられたのであります。王は「それならば致方ありませぬ。どうかお悟りになったならば、逸早く私を済度《さいど》して戴きたい」と請われたのでありました。そこで太子は王に別れを告げて、西南の方へ向われ、尼連禅《にれんぜん》河を渡って河の曲り手の処に目真《ムチ》隣陀《リンダ》〔今のムチャリン〕と云う美しい森林がある、その森の中へ入られて、そこで修行《しゅぎょう》の座を固められた。郷国《きょうこく》の迦毘羅《かぴら》城では父浄《じょう》飯《ぼん》王は非常に心配せられて五人の仙人を選《えら》んで送られ、太子に随って守護《しゅご》しながら修行せよと命ぜられたのであった。この五人の仙人は三人は太子の親類《しんるい》であり、二人は耶輸陀羅《やそだら》姫の親類《しんるい》であります。この五人は影の如くに太子のお傍に随《つ》いて修行をして居ったのであります。太子は深刻《しんこく》に悟りを開く目的《もくてき》で修行して居られた。一日に一食、二日に一食、三日に一食、五日に一食、殆ど絶食《ぜっしょく》せんばかりにして居られた。一麻《いちま》一米《いちべい》と言《い》って一粒《ひとつぶ》の胡麻《ごま》、一粒の米《こめ》で殆ど断《だん》

14　苦行林の聖者（犍陀羅彫刻）

菩薩は苦行に痩せ衰えたまい、骨はあらわに眼は窪み腹背相触れ、人生の悲惨何ものか之に加えん。禅座の前面は随従の五仙と乳糜を供養せし須闍陀女ならんか

15　尼連禅河苦行林外の民謡（桐谷洗鱗筆）

苦行林の樹下に菩薩の禅座あり、座上の菩薩は今已に立去りて尼連禅河に身を浄めたまう苦行放棄の動機たりし民謡の主は、水瓶を載せたると菓物を戴けるとの二人にして、童子は歌に合せて踊りつつ進み行けり

仏言。絃緩如何。対曰不鳴矣。絃急如何。対曰声絶矣。急緩得中如何。対曰諸音普矣。
（四十二章経）

三界無比の苦悩

民謡

苦行の放棄

食《じき》して居られた。髪は蓬《おどろ》に、眼《め》は窪《くぼ》み、骨はあらわに腹の皮と背の皮とがくっついたと云うのであります、その位《くらい》に苦痛《くつう》を嘗《な》めて修行して居られたのであります。後に釈尊は「三世の沙門《しゃもん》、婆羅門《ばらもん》、何人も斯る烈《はげ》しき苦痛《くつう》を嘗《な》めたものはあるまい」と仰せになったのでありますが、それでも悟りは開けない、目的は達せられない。途方《とほう》に暮れて居られますと、尼連禅河《にれんぜんが》の堤の上を民謡《みんよう》を唄《うた》って通る百姓がある。その民謡《みんよう》は

紘《いと》が強《つよ》けりゃ強《つよ》くて切れる
紘《いと》が弱《よわ》けりゃ弱《よわ》くて鳴《な》らぬ
緩　急正《かんきゅうただ》しく調子《ちょうし》を合せ
手振《ふ》り足振《ふ》りリズムに踊れ

と云うのであった、楽器《がっき》の紘《いと》を強く張りつめると紘は切れる、そんなら弱く張って置けば宜いかと言うと、弱くては音楽《おんがく》の音《ね》にならぬ。それで緩急《かんきゅう》正しく調子《ちょうし》を合せて行くなれば、人をして手振り足振りリズムに合わせて踊らしめることが出来ると、斯う云う意味であったのであります。太子はこれを聞くと「これだ、これは天の声であ

る、天の与うる導きの声である」と感ぜられた。「斯う云うように張りつめて修行をして居った所で何にもならない」と考えられて、到頭その苦行《くぎょう》を捨て苦行の座を立って尼《に》連禅《れんぜん》河の綺麗《きれい》な水に入って身体《からだ》を浄められた。すると殆《ほとん》ど絶食《ぜっしょく》して居られたのであるから気絶《きぜつ》せんとせられた。漸《ようや》く柳の枝につかまって堤《どて》に上り石の上にぼんやりと腰を掛けて居られた。すると、そこへ村の地主斯那鉢底《セーナパティ》の娘須《ス》闍多《ジャータ》と云うのが神様に捧げる為にお乳の糜《かゆ》を作って来たのを仏に献《けん》じて供養《くよう》した。仏はこれを受けて食《た》べられて、娘に向い「誠に有難い。これが為に命《いのち》が助かった。後に悟りを開いたなら逸早く御恩返しをする」と仰せられた。これを物蔭《ものかげ》から眺《なが》めて居った五人の仙人は悉達《しった》太子は堕落《だらく》した、こんな堕落者《だらくしゃ》を護《まも》る必要はないと云うので、太子を捨てて恒河《ごうが》を渡り、ベナレス市外鹿野苑《ろくやおん》に行って修行して居った。

　太子は坐禅《ざぜん》の処を探《さが》す為に河を渡って、河の向うのマハル山、これは後に前正覚山と云う名になるのでありますが、その山の八合目に大きな石窟がある。その石窟で坐禅せんとせられたのであります、

16　須闍陀女の乳糜供養（桐谷洗鱗筆）

将軍邑の邑首の娘須闍陀女は、森の樹神に供養せんとて乳糜を用意し来りしに、偶然にも菩薩が顔色憔悴堤上の石に停坐したまえるを見て、持来れる乳糜を献げたるに、菩薩は喜んで之を受け食したまう。後日仏は将軍邑に遊履し三十人の青年男女を化導したう。須闍陀女もその中に在りしなるべし

前正覚山留影窟

仏陀伽耶菩提樹下金剛宝座に於ける禅坐

魔王の嬈乱

然るにその山は地震《じしん》が多いと云うことをお聞きになり外に向って去ろうとせられると、その石窟に棲んで居った龍族二人が、ここまで折角《せっかく》お出でになったのでありますから、お姿を留めて戴きたいと申上げたら、太子は後《うしろ》に振り向かれたそのお姿が石窟の隅に映ったと云うのであります、今に幽《かす》かに宝冠《ほうかん》の仏像が拝まれるのであります。昔から留影《りゅうえい》窟と名けて、法顕《ほっけん》三蔵も玄奘《げんじょう》三蔵もこのことを記して居るのであります。

それから太子は河を又逆《ぎゃく》に渡って、優留頻羅《うるびんら》村の伽耶〔ガヤー〕と云う小高い処に行かれた、ここに大きな無花果《いちじく》類の樹《き》がある、その樹《き》の下に土壇《どだん》が築《きず》かれてあった、その上に吉祥草《きちじょうそう》と云う草《くさ》を敷《し》いて、その上に自分の座《ざ》を構《かま》えられて、最後《さいご》の坐禅《ざぜん》をなされたのであります。これは後に金剛宝座《こんごうほうざ》と云うのであります、其処《そこ》に坐られて「我《われ》、悟《さと》りを開かずんばこの座を去らじ」と決心《けっしん》してお坐りになったのであります。それは最後《さいご》の坐禅《ざぜん》でありますから、その終りは菩薩《ぼさつ》の成道《じょうどう》として仏《ぶつ》〔覚者《かくしゃ》〕と成《な》られれば魔王は自分《じぶん》の世界《せかい》が危険《きけん》であると感じたので、どうかして菩薩《ぼさつ》の成道《じょうどう》を妨《さまた》げなければならないと考えた。先ず軟《やわ》らかな方法《ほうほう》を用いることにして自分の娘《むすめ》たる魔女《まじょ》三人を著飾《きかざ》らしめ、天《てん》の冠《かんむ》り、霞《かすみ》の衣《ころも》、天女《てんにょ》の如き姿《すがた》で菩薩の禅坐の前で代《かわ》る代る歌《うた》い舞《ま》い菩薩の心を惹《ひ》かんとするのであります、一人は吉祥天《きちじょうてん》の姿で踊《おど》り、一人は弁才天《べんざいてん》の姿で踊る、又一人は耶輸陀《やそだ》羅《ら》姫の姿で、そこに現われる。菩薩はこれを如何に感ぜられしか、ぱっと坐禅《ざぜん》の眼《め》を開《ひら》いて三女を一瞥《べつ》せられると三人の魔女《まじょ》は忽《たちま》ち老《ろう》婆《ば》の姿《すがた》と成り、次いで白骨《はっこつ》と成って踊《おど》って居たと云うのであります。これではならぬと、魔王《まおう》は魔軍《まぐん》を率《ひき》い、牛頭《ごず》、馬頭《めず》の夜叉《やしゃ》を先頭《せんとう》に、雨《あめ》を降《ふ》らし風《かぜ》を起《おこ》し、金剛宝座《こんごうほうざ》に殺到《さっとう》したのであります。然るに如何なる手段《しゅだん》を用いても、菩薩の座《ざ》を動かすことが出来ない。魔王《まおう》の放《はな》つ石火矢《いしびや》は菩提樹《ぼだいじゅ》の上に来ると、紫《むらさき》の雲《くも》となって靉靆《たなび》き渡る、魔《ま》軍《ぐん》の放つ毒矢《どくや》は宝座《ほうざ》の上に来ると天の華《はな》となって樹《き》の枝《えだ》にかかって居る。剣《つるぎ》もこれを斬《き》る能わず、毒《どく》もこれを害《そこな》う能わず、魔王《まおう》は苛立《いらだ》って剣《けん》を抜《ぬ》いて宝座《ほうざ》の前に擬《ぎ》して「汝はこの金剛宝座《こんごうほうざ》に値《あた》いせざる者である。速《すみや》かにこの座《ざ》を去れ」と威嚇《いかく》したのであります。菩薩《ぼさつ》は静《しず》かに声《こえ》を強《つよ》めて「天上天下《てんじょうてんげ》、この宝座《ほうざ》に値《あた》いする者は唯我一人で

17　降　　魔（アジャンタ窟院壁画）

魔女の舞踊と魔軍の襲撃

18　降　　魔（工学博士伊東忠太筆）

地神の出現

ある、我悟《われさと》りを開《ひら》かずんばこの座《ざ》を去らじ」と仰せられたのであります。そうして坐禅《ざぜん》の手《て》を解《と》き右の手を膝《ひざ》に垂れて大地《だいち》を指《さ》されたのであります、これは動かざること大地《だいち》の如しと云う意味《いみ》であったと思われますが、「地《ち》の神《かみ》よ、出でこれを保証《ほしょう》せよ」と言われたのであるとも謂《い》うのであります。その時、金剛宝座《こんごうほうざ》の前の大地が真二《まっぷた》つに割《わ》れて、大音響《だいおんきょう》を発《はっ》し、そうして、その中から地《ち》の神《かみ》が現《あら》われて光明が四方に閃《ひら》めき渡った。それに怖《おそ》れを生じて、魔王《まおう》は一目散《いちもくさん》に逃《に》げ去った。魔軍《まぐん》は蜘蛛《くも》の子《こ》を散《ち》らすが如くに退散《たいさん》したのであります。これを降魔《ごうま》と称し、魔王の降伏《こうふく》と謂《い》うのであります。

大悟徹底

菩薩《ぼさつ》は今観念《かんねん》の深みも次第に深まりて、初夜に宿命《しゅくみょう》〔前生〕を知るの明《めい》を得、中夜に天眼《てんげん》を得て一切を見るの明を得たまい、後夜には生の従《よ》って来るところ、死の趣《おもむ》くところ悉く因縁に基《もと》くものなることを観じ、暁《あけ》の明星《みょうじょう》輝《かがや》く時遂に大悟《だいご》徹底《てってい》して仏《ぶつ》〔覚者〕と成られました。仏は精《くわ》しく言えば、仏陀《ぶつだ》と云うのであります。仏陀と云うのは悟った人である、聖《せい》なる者である、大自覚を発《はっ》し、最上《さいじょう》無上の大覚位に達せられたのであります。つまり完全位の人格と成られたのである。仏はここで「我が生已に尽き、我が事已に成れり」との自覚に達せられたのであります。この時、仏は余程《よほど》喜《よろこ》ばしく感ぜられたのでありましょう。つと立って菩提樹《ぼだいじゅ》の北に至って、東の方に向って十八歩行《ゆ》かれた。歩《ある》きながらこの菩提樹を眺《なが》めて「彼《あ》の樹《き》の下で悟りを開いた」と云う喜びを味《あじ》わいながら暫《しば》し逍遥《しょうよう》して居られた、これを観樹経行《かんじゅきんひん》と申します。経行《きんひん》とは散歩《さんぽ》のことである。暫らくすると再び元の座《ざ》に帰《かえ》られて坐禅《ざぜん》なされたのであります。これを悟後《ごご》の観念《かんねん》と名けるのであります、悟った後に再び観念《かんねん》せられる。悟後《ごご》の観念《かんねん》は無用《むよう》のように見えるが実は非常《ひじょう》に意義《いぎ》のあることである、一面《めん》には悟りの内容《ないよう》を味《あじわ》わるる自受法楽《じじゅほうらく》の観念《かんねん》であるが、又一面には他受法楽《たじゅほうらく》の為に行うべき道を考えられたのである、この悟った理想《りそう》を世に伝えて果して人が聴き得るであろうか、深い高い理想《りそう》を世の中に弘めても、聴き得て同じ悟りに至るものがあるであろうか、寧《むし》ろ説かない方が宜《よ》いのではなかろうかと云うようなことを御考えになったらしいのであります。また説くとすれば親に対してどう説こう、妻に対してはどう説こう、王者に対してはどう、長者に

19　菩提樹下の成道（野生司香雪筆）

20　仏陀伽耶根本大塔（桐谷洗鱗筆）

21　般若波羅蜜多の像（爪哇ブルヴドゥル千仏壇）

東洋の希臘と称せられたる爪哇の千仏壇に在りし般若波羅蜜多（智慧の完全性）を像化したるものなり。印相は転法輪印なり、左腕に纏える蓮華には梵夾を載せたり対してはどう、自分に敵《てき》する宗教《しゅうきょう》や哲学《てつがく》の大家も居るであろう、これに対してはどう説いたら宜しいか、また愚夫愚婦《ぐふぐふ》もある、善男子《ぜんなんし》善女人《ぜんにょにん》もある、これに対して如何なる順序《じゅんじょ》を以て説いたら功果《こうか》があるであろうかと観ぜられたのでありましょう。この悟後の観念が最も大切なものでありますが、此頃《このごろ》の人は大抵学校《がっこう》を卒業するとその儘飛出《ままとびだ》して、或は司法官《しほうかん》となり、或は教授《きょうじゅ》となり、或は実際の職《しょく》に就くので、卒業後《そつぎょうご》何の考《かんが》えもなく社会生活《しゃかいせいかつ》に入るのは実に危険《きけん》千万のことである、釈迦如来《しゃかにょらい》は、その悟後《ごご》の観念《かんねん》に少くとも七七日、即ち四十九日の間を費《つい》やされたのであります。苦行林《くぎょうりん》に修行《しゅぎょう》せられたのが六年であった、それから菩提樹《ぼだいじゅ》の下《もと》の金剛宝座《こんごうほうざ》に来られてから一七日の間坐禅《ざぜん》して居られたのであります。ここで成道せられた後、一七日は慥かに我《われ》と我《わ》が悟りの内容《ないよう》を味い楽しみたまいしに相違ないが、尚六七日を悟後《ごご》の坐禅に費やされたのは、全く他の為にこの悟りを分け与えることを考えられたのである、斯《か》くの如く悟《さと》られた後の七七日は処《ところ》を替え、樹を替えて観想《かんそう》の座を続けられたのであります、そうして七週日経った後に始めて大決心をして、ベナレス郊外の鹿野苑《ろくやおん》〔今のサーラナート〕に向って行き、ここに始めて説法せられたのであります。世尊《せそん》に取ってはこの時自身の悟った理想《りそう》を説こうか、或は説かないで終ろうかと云うことは相当な疑問《ぎもん》であったらしい。その時に禅定《ぜんじょう》に入って一切生類《せいるい》の現状《げんじょう》を観破《かんぱ》せられた、三界《さんがい》の生類《せいるい》が世尊《せそん》の心に映《えい》じたのは恰《あたか》も蓮池《はすいけ》のような光景《こうけい》に見えたと云うことである、これを蓮池観《れんちかん》と言うのであります。或る蓮《はす》は水に生《は》え水に栄《さか》えて、水の中で蕾《つぼみ》を持ちその儘《まま》朽ち終るものがある、或る蓮《はす》は同じく水に生え水に栄えて漸《よう》く水の上に華《はな》を擡《もた》げ、水平線《すいへいせん》より上に出ることは出来ないものもある、或る蓮は同じく水に生《は》え水に栄《さか》えても、遥《はるか》に高く水平線上に華を開《ひら》いて四方に香《かお》りを送《おく》って居るものもある。一切生類《せいるい》がこの蓮の華の如くに仏の心に映じた、仏は「耳ある者は聞くべし、今より鹿野苑《ろくやおん》に向い盲《めし》いたる世界《せかい》の為に不死の法鼓《ほうこ》を打つであろう」と仰せられて、伽耶《がや》の御山《みやま》を立ち出でて、北の方恒河《ごうが》を渡り迦尸《かし》国に入りベナレス城外の鹿野苑に向われたのであります。これが世に謂う出山《しゅつさん》の釈迦《しゃか》である。世尊の出山《しゅつさん》に依って、古代印度の森林《しんりん》の宗教が全く民衆《みんしゅう》の宗教と転化《てんか》したことを物語って居るのであります。

解説

釈尊の名　初は太子と云い、次には菩薩《ぼさつ》と云ったのは、修行の程度《ていど》に依り言いわけたのである、已に入山学道せられたとは云え、まだ人間太子のままで進修《しんしゅう》久しからぬ間を太子と云い、苦行林の聖者《しょうじゃ》として、漸く悟りの境地《きょうち》に近づきし時を菩薩とした、菩薩とは菩提《ぼだい》〔覚〕に向いつつある薩埵《さった》〔士〕と云う意で仏の候補《こうほ》者と云う意である。世尊とは世の尊ぶところの人と云う意で已に悟りを開いた仏の尊号である、仏陀《ぶつだ》とは覚者で一切を覚れる者と云う義である。如来は如去《にょこ》、如住《にょじゅう》も同じことで如是来《にょぜらい》、如是去《にょぜこ》、如是住《にょぜじゅう》の意である。第四の「世尊の説法」の処に至って更に如来の意を説くこととする。釈迦《しゃか》と云うのは種族《しゅぞく》の名で個人の名にはならないのであるから、釈尊とか、釈迦如来とか称すべきで釈迦と名けてはならぬ、小学校の教科書に釈迦とあるのは極めて残念《ざんねん》なことであります。

聖地の名　釈尊が大覚位に達せられたことは歴史上の大なる出来事《できごと》

であるから、成道《じょうどう》に因《ちな》みある地名、物名は全く変化したようである。伽耶〔ガヤー〕の丘は優留頻羅《うるびんら》邑の一部であるが、仏がそこで成道せられてから仏陀伽耶〔ブッダガヤー〕と名けらるるに至った、無花果《いちじく》類の阿説佗〔アシワタ〕樹は仏がその下で菩提を成ぜられた為に菩提樹〔ボーディタル〕と名けられ、樹下の土壇は仏座の金剛不動なりしより金剛宝座〔ヴジラアーサナ〕と称せらる、目支隣陀《むちりんだ》林〔今のムチャリン〕は仏の苦行の為に苦行林〔タポーヴナ〕と名けられ、仏がその身を浄められたショーナ川は尼連禅《にれんぜん》河〔ナイランジャナ不染〕と改められ、対岸のマハル山は仏成道の前にここに登られたから、前正覚山〔プラーグボーディ〕と称せらるるに至った、仏陀伽耶の大塔は根本大塔と称し、初め菩提樹を囲みて建てられてあったが樹が枯れてから独立の大塔となり、一旦地下に埋没せしを発掘して修築《しゅうちく》し今に現存して居る、菩提樹は已に孫か彦か分らぬほど代ったが、仏成道の時の菩提樹枝を、阿育王の太子摩哂陀〔マヒンダ〕が錫蘭島に移植《いしょく》した、今現にアヌラーダプラに現存して居る、凡二千二百年前に移植せしもので世界最古の天然記念樹であると云うことであります。

苦行林の民謡　この民謡は二句あったらしいが、今第二句のみを出したのである、第一句は

「音のリズムは踊りの拍子《ひようし》　リズムの波に心も踊る、
緩急《かんきゆう》正しく調子を合せ　手振り足振りリズムに踊れ。」

と云うのである。四十二章経三十四章に同じ意味の問答がある。或る沙門が経を読み修行して居ったが、段々にその声が悲しげになり、修行を中止せんかと思っていた。仏が問うて言わるるのに「汝は在家の時、何をして居ったか、」「琴《こと》を弾《だん》ずるのが愛《す》きでありました。」「絃《いと》が緩《ゆる》かったらどうか、」「鳴りませぬ、」「絃《いと》が急なればどうか、」「声が絶《た》えます、」「緩急《かんきゆう》、中を得ればどうか、」「諸音《しよおん》宜しきを得ます。」仏は「沙門の道を学ぶもその通りである、心調《ととの》えば道を得ること易し。」と励まされたのであります。

降　魔　人生の試錬《しれん》時代に於て心機《しんき》の大転変《てんぺん》に際しては、諸般の魔障《ましよう》の起るのは当然である。釈尊の一代に於ても、釈尊が殊に人間《にんげん》味《み》を発せられたと思わるる時、魔王は必ず仏前に顕われる、出城東

行の時に故城を顧みられし時、大悟徹底《だいごてってい》の前、我生已に尽きたりと感じ、人間に永の暇乞いを感ぜらるる時、理想を世に説くべきか、説くべからざるかを疑われし時、将軍村に曾て乳糜を奉りし牧女の家に近づかれし時、阿難が石室に寂寞《せきばく》を感じた時、仏が阿難のまだ悟らないのを憐み入涅槃《ねはん》を預告《よこく》せられた時、皆何事か人間味を生ぜられたかと感ぜらるる場合に魔王は出現する。人間の心に起る情波《じょうは》の動《うご》き疑雲《ぎうん》の障《さわ》りを魔として物語ったものと見ても決して差支ない。併し仮令その障りが内に在っても、外に在っても、心の大敵として闘わざるべからざるは同一である、心の世界を広げたのが欲界である、欲界の中に六欲天の大魔王もあるのであるから、これが現われて離欲の世界に入らんとする者を妨害《ぼうがい》するのは最も自然であると謂わねばならぬ、大悟の前には大魔王も無論存在するものと思うのであります。

梵天勧請

仏が一旦成道《いったんじょうどう》の座を立ち、北の方に逍遥《しょうよう》し、更に還《かえ》って再び観念《かんねん》に耽《ふ》けられた時に、魔王は再び現われて、仏に向い「成道なされたのはつまり涅槃《ねはん》に入る為でありましょう、それなれば速《すみや》か

22　四天王奉鉢（犍陀羅彫刻）

南国ウッカラの商侶兄弟タプサとバッリカとの二人、世尊を見て麨蜜を奉らんとす。世尊は受器なきを憂いたまえるに四天王同時に現われ石鉢を奉る。世尊受けて四鉢を合して一鉢と為したまう。故に仏鉢はその縁四重なり。図の背後の人は商侶の人々なるべしに涅槃にお入りになったら如何でありますか」と荐《しき》りに勧めるのであった、魔王は仏の再坐《さいざ》を仏心に疑《うたが》いの起ったものと思い、嬈乱《にょうらん》を試みたのであった、善神《ぜんじん》たる梵天《ぼんてん》は、若し仏が法を世に伝えずして涅槃に入られたならば世は永遠《えいえん》に闇黒《くらやみ》であると思って仏に説法を懇《こん》請《せい》した、これを梵天勧請《ぼんてんかんじょう》と云うのである。これは魔神が出たから善神も出なくてはならぬこととなるのであるが、本伝には色々の理由からこんなことは除いたのである。一つには、魔王で相当に疑問《ぎもん》のある上に梵天《ぼんてん》と云う新らしい神を加えて疑問《ぎもん》の上に疑問《ぎもん》を添《そ》えることを面白からず考えたのである。また二つには、仏の時代には梵が非《ひ》人格《じんかく》神〔ブラハマン〕として根本原理《こんぽんげんり》と見らるるまで進んで居ったことは承認《しょうにん》すべきであるが、梵が梵天として男性人格神《じんかくしん》〔ブラハマー〕として勢力《せいりょく》を得るまでに至って居ったことは承認《しょうにん》しない学者も多いであろうと思う。それで殊にこれを避《さ》けたのであります。

四天王の石鉢

悟後七七日の観念の座に居らるる時、南方ウッカラ地方の行商人兄弟多富沙《タプサ》と跋梨迦《バツリカ》と云うもの、五百の牛車を曳いて行くと突然牛が進まない、幾ら鞭ちても進まない、何か事情があるかと調べて見ると樹下に釈尊が坐禅して居られる、尊い行者に何か供養したいと云うので麨蜜を献ぜんとした、釈尊は献上の食物を受ける器がないので考えて居らるると、四天王が四方から出現して四つの石鉢を献げた、釈尊は四つの石鉢を合せて一鉢としこれに麨蜜を受けられた、そこで仏の鉢はその縁が四重になって居るのが通例である。この事件は本文にはないが絵があるのでここに説明を加えて置く。

六　世尊の説法

釈迦如来《しやかによらい》は、雪山《せつざん》に五年、苦行林《くぎようりん》に六年の修行《しゆぎよう》を終《お》えられて、今は仏陀《ぶつだ》〔覚者《かくしや》〕と成られたのであります。いよいよ説法《せつぽう》の決《けつ》心を定《さだ》められて、伽耶《がや》の御山《みやま》から出《で》られたのであります。

北の方に向って歩《ほ》を進《すす》められると、偶然《ぐうぜん》にもそこで邪命外道《じやみようげどう》の優波迦《ウッパカ》と云う者に会《あ》われたのであります、邪命外道《じやみようげどう》とは卜占《うらない》とか、祈禱とかを売物にして生《い》きて居る外道《げどう》を云うのであります。優波迦《ウッパカ》は、釈迦如来《しやかによらい》のお姿《すがた》の如何《いか》にも安《やす》らかな状態《ありさま》を見上《みあ》げて「沙門《しやもん》よ、誰《たれ》を師《し》として修行《しゆぎよう》せられたのでありますか」と尋ねた。すると、釈迦如来は「俺《わし》には師匠《ししよう》もない、保証者《ほしようしや》もない、自然《じねん》に師なくまた証《しよう》なし、自ら最上無上《さいじようむじよう》の法を覚《さと》る、我は無師独悟《むしどくご》である」とお答えになった。そうして我は覚者〔ブッダ〕である、我は勝者〔ジナ〕であると、宣言《せんげん》せられたのであります、ところが優波迦《ウッパカ》は「それでは自分で悟って而も一切に打勝った、故に勝者であると主張するのであるか」と尋ねた、釈迦如来は「内の敵にも打勝った、外の敵にも打勝つ用意がある。これが勝者でなくして誰が勝者であろう」と答《こた》えられた。その時、優波迦《ウツパカ》は「そうか、それは誠に結構である、沙門《しやもん》は沙門の道《みち》を行け、俺《わし》は俺《わし》の道を行く」と挨拶《あいさつ》して去った。この優波迦は永《えい》遠《えん》に釈迦如来と別れたのであります。実に縁《えん》なき衆生《しゆじよう》は度《ど》し難しである、釈尊に会《あ》って悟りの何ものなるかと云うことも教えられたに拘わらず、到頭《とうとう》それに随《したが》うことが出来《でき》ないで逃《に》げ去ったのであります。今釈尊が吾々の眼の前に現われたとしても、やはり縁《えん》なき衆《しゆ》生《じよう》も沢山あるであろうと思います。

仏はそれから道《みち》を急いで北の方に向って進まれた。恒河《ごうが》を渡《わた》って、恒河《ごうが》の北側にベナレスと云う市がある、その郊外《こうがい》に鹿野苑《ろくやおん》〔今のサーラナート〕と云う所がある。鹿野苑《ろくやおん》に行かれますと、そこには、曾て自分の同行《どうぎよう》であった五人の仙人が修行《しゆぎよう》をして居る。太子は堕落《だらく》したと云うので、太子を捨てて此処に来て居るのであります。五仙の方では、堕落《だらく》した太子に会《あ》う必要《ひつよう》はない、会っても口をきくまいと互に約束《やくそく》して相戒《いまし》めて居りました。然るに釈迦如来が、五仙の住《じゅう》処《しょ》に近づかれるとそのお姿《すがた》が光顔巍々《こうげんぎぎ》として犯《おか》し難く、安祥《あんしょう》にして歩《ほ》すと云って如何にも安らかに歩みを運《はこ》ばれるのを見て、その神々《こうごう》しさに引かれて五仙の長老者《ちょうろうしゃ》たる憍陳如《きょうちんにょ》〔カウンディヌヤ〕が先ず頭を下げた。実に頭を下げざるを得なかったのであります。頭を下げれば物《もの》も言わなければならない。「友よ、瞿曇《ごうたま》よ、その後《ご》どうして居《い》たか」と云う言葉《ことば》で話《はな》し掛《か》けた。ところが釈迦如来は儼然《げんぜん》として「汝等《なんじたち》は如来《にょらい》に向って非礼《ひれい》の言葉《ことば》を遣《つか》ってはならぬ」と仰せになったのであります。その「如来《にょらい》」と仰せになったのには非常な意味《いみ》があります。是《かく》の如《ごと》くにして来《きた》った者に対して無礼《ぶれい》をしてはならぬと云う意味《いみ》である。是の如くにして来ると云うのは、我は大悟徹底《だいごてってい》して悟りの世界《せかい》に入り、今その悟りの世界から出て来た者である、是《かく》の如くに悟って来た者に対して、昔《むかし》なじみの友達扱《ともだちあつか》いをして無礼《ぶれい》をしてはならぬと云う意味《いみ》である。それで世尊が如来と言われるのは自称の言葉《ことば》で「俺は」と仰せになると同じことで、多くは複数《ふくすう》でお用いになる、これは「我々は」と仰せになると同じことで、自分も多くの如来の一人であると云うことをお示しになるのである。如来と云う言葉を自称《じしょう》の代名詞《だいめいし》として使われることは釈尊の発明《はつめい》らしいのであります。この時、世尊が「汝等《なんじたち》はまだ悟りを開かないか」とお尋ねになれば、「悟りとは何か」と問わなくてはならぬ、こう云う風で段々に話が進んで遂に五人の仙人は「五《ご》群比《ぐんび》丘《く》」として、五人一緒に仏門《ぶつもん》に入って弟子《でし》となったのであります。それで仏自身と仏の説かれた法と仏の法《ほう》を奉ずる僧〔集団〕との仏法僧《ぶっぽうそう》の三宝《さんぽう》が成立《せいりつ》したわけであります。その時の説法は最もその要を得たものであった。「世間には享楽《きょうらく》の道があり、享楽《きょうらく》の生活《せいかつ》をして居る者がある。また苦行《くぎょう》の道があり、宗教的《しゅうきょうてき》に苦行の生活をして居る者がある。享楽《きょうらく》の生活も苦行《くぎょう》の生活も共に極端《きょくたん》の道である、斯る極端《きょくたん》は共に迷いの道である。人の依るべき道でない、この迷いの両辺《りょうへん》を超越《ちょうえつ》して、自分の教うる所は中道理《ちゅうどうり》想《そう》の生活である」と説き出されたのであった。順世《じゅんせい》主義の楽観生活《らくかんせいかつ》も退けられ、厭世《えんせい》主義の悲《ひ》観生活《かんせいかつ》も退けられたわけであります。この中道理《ちゅうどうり》想《そう》の生活《せいかつ》に依て人類は平和《へいわ》に導《みちび》かるるのである。今まではアリヤ人種《じんしゅ》は、人種が聖〔アリヤ〕で

23　鹿野苑仙人住処五仙迎仏（桐谷洗鱗筆）

24　初転法輪教団の成立（犍陀羅彫刻）

仏座の前に一双の鹿と三宝標とあり、五群比丘左右に並び耶舎青年、倶梨迦長者賓頭盧、憍梵波提尊者など初期の信者六十一人の代表者の会座なりあると主張して、印度人を非聖〔アナリヤ〕人種となし、教育《きょういく》の権《けん》も与えない、礼拝《らいはい》の権をも許《ゆる》さない、被征服民《ひせいふくみん》たる印度人の全部を奴隷階級《どれいかいきゅう》としてアリヤ人種の奉仕《ほうし》を強要《きょうよう》したのである。恐《おそ》るべき惨《ざん》酷《こく》な自民族中心《じみんぞくちゅうしん》の排他《はいた》主義である。これに対して、仏の主張《しゅちょう》は簡明《かんめい》である。聖〔アリヤ〕なるべきは人種ではない、聖〔アリヤ〕なるべきは人格《じんかく》である、白人族にも賢も愚もある、印度民族にも賢も愚もある、聖〔アリヤ〕なるものは個人に在る、人種に在るのではないと云うのが仏の教である、仏教は聖〔アリヤ〕なる者の創造《そうぞう》である、聖なる人格、聖なる者、聖人、聖者を造るのが仏教である、聖なる者の道が中道である、聖なる者の履むべき道は八聖道〔アリヤ・アッタンギカ・マッガ〕―八つの聖なる道である。聖なる者の信ずべき真理《しんり》は四聖諦〔チャターリ・アリヤ・サッチャーニ〕と云って、四つの聖なる者の諦《たい》〔真理〕である。然らば、その聖なる者の達すべき果位《かい》は何かと云うと、四聖果〔アリヤ・パラ〕と言って阿羅漢《あらかん》まで達する道である。聖なる者の持つべき精神的財産《せいしんてきざいさん》は何かと云ったら、これは七聖財〔サッタ・アリヤ・ダナ〕で七つの聖なる者の

迦葉城倶梨迦長者の子耶舎の入門

財産であると云うのである。聖なる者〔アリヤ・プッガラ〕は人格《じんかく》の問題《もんだい》であって人種の問題ではないと云う意でその大綱《たいこう》を説《と》かれたのが、初転法輪《しょてんぽうりん》と云う最初《さいしょ》の説法《せっぽう》の趣意《しゅい》であります。この説法の結果として五群比丘《ごぐんびく》は仏の門下に於て、倶《とも》に修行《しゅぎょう》することとなったのであります。

附近《ふきん》のベナレス市は経文《きょうもん》には迦尸《かし》国の波羅奈《はらな》城としてある、当時印度一の都市であった、この城内に有名《ゆうめい》な倶梨迦《くりか》と云う長者があった。その長者の子耶舎《やしゃ》が、青年に有勝《ありがち》の女性に関する悩《なや》みがあって家出《いえで》した、朝《あさ》早く鹿野苑《ろくやおん》の方に向いますと、仏が静《しず》かに坐禅《ざぜん》をして居られるのに出会《でくわ》して親切《しんせつ》な教《おし》えを受けて直《ただ》ちに入門した。それからその父親と母親とがその後を追って来まして、自分の子供が仏門に入ったことを知って、却《かえっ》て不平《ふへい》も言わず、自分等も亦仏門に帰《き》したのであります。この耶舎《やしゃ》はベナレス市の青年団の長でありますから、その青年団の主なる憍梵波提《きょうぼんはだいら》等四人が後を追って来て、そうして色々精《くわ》しい話を聞いて、如何にもと云うのでこれも亦入門したのであります。そこで父母の長者は日を定めて仏を御招待《ごしょうだい》申上げたい

父長者の招待

六十一人の教団

分遣教化

と云うのでお約束《やくそく》しまして、釈迦如来を自分の家に迎えた、ところが青年団の団員五十人一同皆やって来て、そうして仏のお話を承《うけたまわ》って遂に五十人も相率《ひき》いて仏門に入ってしまった。そこで当時仏門に入った者が六十二人あったわけであります。この六十二人は一団《いちだん》となって仏の御教《みおしえ》を受けて熱心《ねっしん》に修行して居りました、暫らく経ちますと世尊はその中六十一人を呼び集められた、六十一人と云うのは一人の女性《じょせい》が居る、これは耶舎《やしゃ》の母親でありますが、この人が除かれたものであろうと思います。この六十一人の人を呼ばれて「汝《なんじ》等《たち》は人々の幸福《こうふく》の為に世間に出でて法を説け、六十一人は六十一の地方《ちほう》に向え、二人一つの道を行ってはならぬ、如来《にょらい》に依て教えられたる法は初《はじめ》も善《ぜん》、中《なか》も善《ぜん》、終《おわ》りも善である、何処《どこ》を押《おさ》えて見ても完《かん》全《ぜん》である、この意味《いみ》も言葉《ことば》も具備《ぐび》せる法を広く世間に宣べ伝えよ、我も亦法を説く為に優留頻羅《うるびんら》の斯那鉢底《セーナパティ》〔将軍〕村に向うであろう」と仰せられたのであります。そこで六十一人は指定《してい》された六十一の地方《ちほう》に行《ゆ》き布教《ふきょう》する為にお互に別れを告げて出発《しゅっぱつ》したのであります。そうして仏自身は曾て悟《さと》りを開かれた仏陀伽耶《ぶだがや》の地方に向われた、斯那《セーナ》鉢底《パティ》村は曾て乳糜《にゅうび》を奉った須《す》闍多《じやた》女《じょ》の村であります。その時、村の公子団三十人は一日夫婦連《づ》れで野遊《やゆう》することとなった、その中一人は未婚《みこん》であったので素性賤《すじょういや》しい婦人を頼み同伴した、遊興《ゆうきょう》中、その婦人が見えなくなり、多くの宝玉や衣類が紛失《ふんしつ》した、人々は盗《とう》女《じょ》を捜し求めて、偶然に仏に逢った、「盗女を探《さが》すのと自己を探《さが》すのと何れが急要《きゅうよう》か」との説法に依って一同感化せられたのであります。この地方は有力《ゆうりょく》な仙人の修行者《しゅぎょうじゃ》の多い処でありますが、ここに事火外道《じかげどう》と云って、火を拝んで居る外道《げどう》の迦葉《かしょう》〔カーシャパ〕と云う仙人が居る。この仙人は優留頻羅迦葉《うるびんらかしょう》と名《な》づけられて居ったのでありますが、仏はその家に行って一夜の宿《やど》を乞われたのであります、すると「自分の所には貴方《あなた》を容《い》れる部屋《へや》がない、併し庭《にわ》に一つの離舎《はなれ》がある。その離舎《はなれ》は今は祭《まつ》りの道具《どうぐ》を入れてあるのであるが、近頃毒蛇《どくじゃ》〔コブラ〕が室内に棲《す》んで居る。それより外に貴方にお貸《か》しする部屋《へや》はありませぬ」と断《ことわ》った。仏は「それで宜いから貸《か》してもらいたい」と仰せられて、その中に一夜を過《す》ごされることになったのであります。夜深《よふ》けて迦葉は「行者はどうしたであろう」と考え

25　無仏像時代の仏伝浮彫（バルハット彫刻）

（下図）　菩提樹下金剛宝座の仏―龍族礼拝
目真隣陀五頭龍蓋下の仏三龍族礼
拝（上二人物不明）

（上図）　法輪は説法の仏を示す　駟馬を駆りて
参仏の途に在るは頻婆娑羅王なるべし

三迦葉及その弟子千人の入門

て窺《のぞ》いて見ると、窓から光りが出て居る。これは火事が起ったのであろうと思って、梯子《はしご》を掛《か》けて水を運《はこ》び室内《しつない》を見ると、釈迦如来《しやかにょらい》は静かに坐禅《ざぜん》して居られる。そうしてその眉間《みけん》から光明《こうみょう》が現《あら》われて居る、その光りが窓に映《うつ》って居るのであります。そうして毒蛇《どくじゃ》は小《ちい》さくなって鉄鉢《てつぱつ》の内に蜷局《とぐろ》を巻《ま》いて居る、釈迦如来の無事《ぶじ》であることを知って、迦葉《かしょう》は非常に驚き、直《ただ》ちに仏前に跪《ひざまず》いて教えを受けることになったのであります。この迦葉《かしょう》には五百人の弟子《でし》があった。弟子一同を呼出《よびだ》してその趣意《しゅい》を告げて、祀《まつ》りの道具《どうぐ》を尼連禅河《にれんぜんが》に流して相率《あいひき》いて仏門に赴いたのであります。ところが河下に住んで居った弟の那提迦葉《なだいかしょう》、もう一人の弟の伽耶《がや》迦葉、この両人は兄の祀りの道具が流れて来るのを見て何事が起ったのであろうと思い、弟子共を連れて馳《は》せ参じた。那提《なだい》迦葉は三百人の弟子を持って居った。一番弟の伽《が》耶《や》迦葉は二百人の弟子を持って居った。両人とも兄の話を聴いて遂に同じく仏門に帰したのである。それで都合《つごう》千人の新入門者が出来たわけであります。

王舎城の教化

それからこの千人の一行は釈迦如来のお伴《とも》をして王舎城《おうしゃじょう》に向った

のであります。王舎城にはこの前にお話した通り頻婆娑羅《びんばしゃら》王が釈迦如来の来られるのを俟《ま》って居られる。仏が悟りをお開きになったならば、速《すみや》かに御済度《ごさいど》を願いたいと云う王意であったので、その約束《やくそく》を履《ふ》んで王舎城に乗込《のりこ》まれたのである、ところがその王舎城附近《ふきん》には釈迦如来が行かれる前に、既に阿説示《あせつじ》〔アシュワジト 馬勝〕と云う五群比丘《ごぐんびく》の一人が布《ふ》教して居った。この阿説示《あせつじ》の姿《すがた》が如何にも仏と同じように安らかであるのを見て舎利弗《しゃりほつ》、目犍連《もくけんれん》の二人が師匠の自然外道刪闍耶《さんじゃや》を捨てて二百五十人の相弟子《あいでし》と倶《とも》に仏門に帰したのであります。それでその二百五十人を加えて、ここに千二百五十人と云うお経の初めにある弟子《でし》の定数《ていすう》が揃った訳《わけ》であります。仏は一同と共に王舎城の北門外の竹林園《ちくりんえん》に住《す》んで居られる内に頻婆娑羅《びんばしゃら》王も入門せられ后宮《こうきゅう》の人々も入信し、宮臣達も多く仏門に帰したのである。そこで竹林園《ちくりんえん》も王の献上《けんじょう》に依て竹林精舎《ちくりんしょうじゃ》となり王舎城の東北にある、五山の中で最も高い霊鷲山《りょうじゅせん》と云う山も王の助けに依て開基《かいき》せられたのである。これが世尊《せそん》の王舎城布教の結果《けっか》であります。

ここに一つの挿話《そうわ》がある、迦葉《かしょう》一門が第一に入門した三迦葉の千人の弟子が仏に随って王舎城に向って進んだ、そうすると路傍《ろぼう》の人々は、それを見て「釈迦如来も多くの弟子が出来たと云うことであるが、この地方に来られたら仕方がない、遂に有名《ゆうめい》な迦葉の弟子になられたらしい」と口々に評《ひょう》した、そこで世尊が迦葉《かしょう》に眴《めくばせ》せらると、迦葉が傍観《ぼうかん》の人々に向い「自分は元は事火外道《じかげどう》で、火に事《つか》えて居ったのであるが、此度《このたび》釈迦如来の御教《みおしえ》を聴《き》いて、弟子一同を連れて仏の門下に帰したのである」と高声《こうせい》に披露《ひろう》した、そうして、人々はこれに依て世尊の徳の高いことを今更《いまさら》の如く感じたとのことであります。ここに今一つの挿話《そうわ》がある、仏の教を受けて迦葉が一番に入門したのであるが、仏は、後から入門して来た舎利弗《しゃりほつ》と目犍連《もくけんれん》とを上座に置かれた、第一座は舎利弗《しゃりほつ》で智慧《ちえ》第一である、第二座は目犍連で神通《じんつう》第一である、迦葉三兄弟はその下座《げざ》に据《す》えられた。それで迦葉の門下は非常に不平であった。その時の仏の説法は誠に意義《いぎ》のあるものであります。

「舎利弗と目犍連とを上座に置いたのは依怙《えこ》の沙汰《さた》ではない、前生の積集《せきしゅう》に依て人の地位《ちい》は定って居る、無上の涅槃《ねはん》を志《こころざ》して出家しながら、地位の上下を争うことは似合《にあわ》しからぬことである、自ら心を浄《きよ》うして一心に目標《もくひょう》に向って進まねばならぬ。人間の近いとか遠いとか、前であるとか後であるとか云うことは問題《もんだい》ではない、一切が智慧《ちえ》の問題《もんだい》である、たとい毎日我が衣に触《ふ》れ、我が影《かげ》を踏んで居ても、その心が乱れて居たら我に近いものではない、何となれば、彼は法〔理想〕を見ない、法を見ないものは仏を見ないものである。たとい百里の外に在り、遥《はるか》に隔《へだた》って居るも、その心さえ浄ければ、仏に最も近いものである、何となれば、彼は法〔理想〕を見るものである、法を見るものは仏を見るものである。」

　この説法に依り、二千五百年の後に生れ、時処《ときところ》を隔てて居る末世《まっせ》の我々も仏の理想《りそう》〔法〕を辿《たど》り得たものは大いに望《のぞ》みを得るわけである、「聖《せい》を去《さ》ること遠《とお》からず」との感《かん》をも懐《いだ》き得るのであります。また同時に仏のお側《そば》に在《あ》って日々説法を聞いて居った者が悉く仏の心を得た者でなかったことも明了《めいりょう》に判《わか》るわけであります。

如来

如来《にょらい》と云うのも、如去《にょこ》と云うのも、如住《にょじゅう》と云うのも、同じ原語《げんご》〔タターガタ〕である、過去の仏も、現在の仏も、未来の仏も是《かく》の如くに来り、是《かく》の如くに去り、是《かく》の如く住《じゅう》すると云う意味である、如是来、如是去、如是住の略である。「一如に乗じて来る」とも解する、同じように顕われると云うことである、又「如より来生す」とも解する、真如より顕われ来ると云うことである。仏の十号と云って尊号《そんごう》が十種あるのであるが、「如来」は尊号でなく、仏が自称《じしょう》せられた語で、仏自身の発明《はつめい》であります。

三宝

三宝とは仏法僧の三宝であるが、これは誰の所有《しょゆう》の宝であるかと言うに、仏の所有の宝ではない、仏も宝の一つであるから。仏教の所有の宝ではない、仏教〔法〕も宝の一つであるから。仏教者の所有の宝でもない、仏教者〔僧〕も宝の一つであるから。そこで三宝とは国家や社会が宝として所有すべきものであるとの意である。聖徳太子が篤く三宝を敬せよと仰せられたのも日本の国家が宝として所有すべきものであるとの意である。夫れ三宝に帰せずんば何を以てか枉《まが》れるを直うせんと仰せられ、四姓の終帰《しゅうき》、万国の極《ごく》宗《しゅう》なりと仰せられた所以である。僧とは出家と在家とを合した教団《きょうだん》全体《ぜんたい》を指《さ》すのである。

順世と厭世

順世とは世俗に順《したが》うと云うことで、唯物《ゆいぶつ》的な考方《かんがえかた》で、凡べて楽観《らっかん》主義で自然の成行《なりゆき》に任せるような俗生活であるが、強く言えば印度に盛《さか》えた唯物主義で、これから派生した自然主義、享楽《きょうらく》主義、現世主義、常見主義〔有の見〕、断見主義〔無の見〕、自我主義などが皆含まれて居る、一層広く言えば、邪命主義〔迷信〕、無信主義、排他的差別主義も皆この中に入るので、多くは仏が一切清算せられた当代思想の辺見である。斯る意見を総括《そうかつ》したものを順世外道〔ローカーヤタ〕と名ける。又これに反して、現世を不完全と見て不完全な身心を破壊して次生に一層完全な身心を獲得《かくとく》せんとするのが厭世苦行の生活である。苦行をそのまま聖業《せいぎょう》と考えて居る病的宗教である、現時の印度は苦行的迷信《めいしん》の全盛《ぜんせい》時代となって居る。西洋が順世的無信時代に偏しつつあると好一対の動向《どうこう》である。仏教の世苦を説くのは、苦の世界の苦を苦と実観してこれにぶッつかれと云う忍苦《にんく》の教、忍辱《にんにく》の道である、苦であるものを楽観して妄想すなと云う主意である、仏教は厭世でもなく、悲観でもない。

初転法輪 仏の最初の説法を初転法輪《しょてんぽうりん》と名け、その経を転法輪《てんぽうりん》経と名ける、仏誕生《たんじょう》の時に仙人が預言《よげん》して、「太子世に在《いま》せば転輪聖王《てんりんしょうおう》となって四天下を統一《とういつ》したまわん、若し出家したまわば仏陀〔覚者〕となって生類《せいるい》を救いたまわん」と云った。（一、太子の誕生の解説「仙人の預言」の項）、それから法の輪宝を転ずると云う語を用い、精神界の法王を以て自ら任ぜられたのであります。

見法見仏 法を見る者は我《われ》を見る者であるとの意は四十二章経第三十七章にも大略同じ言葉が出て居る。

「仏言く、仏子吾を離るること数千里なるも吾が戒を憶念《おくねん》せば必ず道果《どうか》を得ん、吾が左右に在り、常に吾を見ると雖、吾が戒に従わざれば終に道を得ず。」

諸経要集に同じ意味の語がある。

「若し比丘あって放逸《ほういつ》にして諸根《しょこん》を摂《せつ》せざれば、我と共に住《じゅう》すと雖、彼、我を離ること遠し、彼我を見るも、我彼を見ず。若し比丘あって海の彼岸に在りと雖、精進《しょうじん》して諸根を摂《せつ》すれば我を去ること遠しと雖、我常に彼を見、彼常に我を見る。」

道元禅師の正法眼蔵《しょうぼうげんぞう》見仏巻にも同じ意味の語がある。「たとい、百千万劫の昼夜つねに釈迦牟尼仏と共住せりとも、いまだ策起眉毛《さくきみ》の力量なくば見仏に非ず、たとい二千余載よりこのかた十万余里の遠方に在りとも、策起眉毛の力量したしく見成せば、空王以前より見釈迦牟尼仏なり」と示されてある。法を見る者は我を見るものなりとは、法は理想《りそう》であるから、仏の理想を知る者は仏を見る者である。仏の身を見るも仏の心を知らざる者は仏の何者たるを知らざる者であるとの意であります。

七　世尊の帰城

世尊が悟《さと》りを開かれました後は、縁《えん》の深《ふか》い親《した》しい者を先《ま》ず考えられたようであります。暫《しば》らく禅行《ぜんぎょう》を共にせられた阿羅羅迦羅摩《アーラーラカラマ》仙人を第一に考えられたのでありますが、これは七日前に亡《な》くなった。次にはこれも禅行《ぜんぎょう》を共にせられた羅摩子優陀迦《らましうだか》仙人のことを考えられた。これは一日前に亡《な》くなった。次に同行《どうぎょう》の仙人である五仙であるが、これは太子に背《そむ》いて去った者であります。自分の親族《しんぞく》でありますから殊《こと》に気《き》になるのは申すまでもない、それを度《ど》する為に遥々鹿野苑《ろくやおん》に向われました。その次には特に約束《やくそく》がありますから王舎城の頻婆沙羅《びんばしゃら》王の所に行かれた。斯《こ》う云う特別《とくべつ》の事情《じじょう》や約束《やくそく》がなかったならば、世尊は早く故郷《こきょう》にお帰《かえ》りになったであろうと思われます。併しこの王舎城附近《ふきん》の教化《きょうか》は相当《そうとう》に時日《じじつ》も長くかかったようであります。事火外道《じかげどう》三迦葉とその弟子《でし》千人と、それから修道無功《しゅどうむこう》を主張する自然外道《げどう》の刪闍耶《さんじゃや》の弟子の舎利弗《しゃりほつ》、目犍連《もくけんれん》、この二人は同門の二百五十人を連れて来て普通《ふつう》お経の初めに見える千二百五十人と云う定数《ていすう》が満《み》ちたことも、また舎利弗《しゃりほつ》、目犍連《もくけんれん》が後から入門したのに迦葉《かしょう》の上に据えられたと云うので、不満《ふまん》を抱《いだ》く者があって世尊がこれを誡《いまし》められたことも已に前に述べたのでありました。竹林精舎《ちくりんしょうじゃ》では地方に名高い大迦葉も入門したのであった。仏滅後《めつご》に一切経《いっさいきょう》を結《けつ》集《じゅう》した五百羅漢《らかん》の最上首《さいじょうしゅ》であった大弟子《でし》であります。

斯《こ》うして王舎城附近に遊化《ゆうげ》して居らるる一方迦毗羅《かぴら》城の方では世尊の帰城《きじょう》を待兼《まちか》ねて居られる。それで内臣の迦留陀夷《かるだい》と云う者をわざわざ王舎城に遣《つかわ》されまして、雪山下の春は今麗《うら》らかであると云うことを歌《うた》に寄《よ》せて伝えしめられた。世尊は父浄飯大王《じょうぼんだいおう》の恩愛《おんあい》の昔を想《おも》われ、急に北の方に向って巡教《じゅんきょう》すると云うことを思立たれ、遂に出発《しゅっぱつ》なされたのであります。大抵北の方にお出でになる時は随従《ずいじゅう》のお弟子《でし》は百人か五十人位《ぐらい》はあったから、今回も少くとも五十人位《ぐらい》はあったであろうと思われます。途中布教《とちゅうふきょう》しながらの旅《たび》でありますから相当《そうとう》に時日《じじつ》を費《つい》やされたのであります。追々に注進《ちゅうしん》が行《おこな》われたで

迦毘羅城外尼拘盧陀林の露宿

城内の托鉢

父浄飯大王の林中対面

ありましょうから、迦毘羅《かぴら》城の城中では上を下への大騒ぎで前以て準備《じゅんび》して世尊の帰城《きじょう》を待兼て居られたのであります。到頭《とうとう》喜びの日は来た。世尊は迦毘羅城の城下に到著《とうちゃく》なされた。然るに世尊の一行は宮城《きゅうじょう》へは入らないで、遥《はる》かに城下《じょうか》を行過《ゆきす》ぎて、北の方の尼拘盧陀《にくろだ》〔榕樹《ようじゅ》〕と云う樹《き》の盛《さか》んに栄えて居る森林《しんりん》の中へ行って露宿《ろしゅく》せられることとなった。そこで浄飯《じょうぼん》大王は甚だしく失望《しつぼう》せられた。その上に世尊は日々弟子を連《つ》れて城下に出られて貧富《ひんぷ》の別《べつ》なく家々を托鉢《たくはつ》せられ、その日その日の糧《かて》を得て居られるのである。その事が父浄飯大王の耳に入った。そこで父王は今では堪《たま》らなくなって自ら輦《くるま》を駆《か》って城外の森林《しんりん》の中に世尊をお訪《たず》ねになった。世尊に向って父王《ふおう》は丁寧《ていねい》に挨拶《あいさつ》を為された。「貴方《あなた》は宿願《しゅくがん》を果《はた》して成道《じょうどう》なされて無事《ぶじ》に帰城《きじょう》なされ、宮中にお入りあることと思い久し振《ぶ》りに団欒《だんらん》の楽《たの》しみを得たいと思って居ったのでありますが、その儘《まま》この城外の森林《もり》にお止まりになった。それは宜《よ》いとしても、日々城下での乞食《こじき》とは何事でありますか、我が王家《おうけ》は雪山下《せっさんか》の王族として此上もない貴《たっと》い家系《いえがら》である。迦毘羅城は痩《や》せたりと雖、貴方《あなた》の弟子《でし》の百人や千人の扶養《ふよう》に窮《きゅう》するものではありませぬ、何故に乞食《こじき》してまで祖先《そせん》を恥《はずか》しめらるるのでありますか」と細《こま》かに憾《うら》みを述べられたのであります。世尊はそれに対して「寔《まこと》にそれは御尤《もっと》もでございます。私《わたくし》が父王《ふおう》の太子として迦毗羅《かびら》国の王位を継《つ》ぐべき身《み》でありますなれば、王宮《おうきゅう》にも帰り、宮中色味《しきみ》の生活《せいかつ》をも致《いた》しましょう、併し今では私の継《つ》ぐべき系統《けいとう》は全く違《ちが》って居るのであります。私は今は先聖《せんせい》の跡《あと》を継ぐべき如来《にょらい》の系統《けいとう》に属《ぞく》して居るのであります。先聖《せんせい》の跡《あと》を継《つ》ぐべき身《み》としては、何時《いつ》も三界《さんがい》に家《いえ》なく、托鉢《たくはつ》に依って命《いのち》を繋《つな》ぐのであります、是《かく》の如くにして来り、是《かく》の如くにして去るのであります」と申されたのであります。是《かく》の如くに来り、是《かく》の如くに去ると云うのが、やはり如来《にょらい》と云い、如去《にょこ》と云う意味《いみ》であって、何時《いつ》でも是《かく》の如くに住する如住《にょじゅう》の意であることを示されたのであります、斯《こ》ういう具合《ぐあい》にはっきりと如来《にょらい》の意味をお話になって、そうして自分が宮中へ帰らないことを、それとなくお詫《わ》びになったわけであります。そうすると父王は充分に会得《えとく》なされた、「ああそうでありましたか、今の如《にょ》来《らい》を昔《むかし》の太子と思って憾《うら》みを申上げたことは誠に慚謝《ざんしゃ》に堪《た》えませぬ、

王宮への招請

宮中に於ける布施太子本生の説法

然らば私も今日から弟子として如来に奉仕《ほうし》致《いた》しとうございます」と申出でられた。血肉《けつにく》の系統《けいとう》としては父は父、子は子で、子は父に従うべきであるが智慧《ちえ》の系統《けいとう》としては父も子に従わざるを得ないのである。斯く父王にはよくその意味が分って、かように申出でられたのであります。そこで世尊は父王に対して「それは誠に結構《けっこう》でございます」と答えられ、王は更に一日王宮に御招待《しょうたい》致したいと申上げられたれば、世尊は喜んでお受けになったのであります。そこでその日になりますと、世尊は弟子一同を連れて王宮に乗込《のりこ》まれた。十一年の間、歎《なげ》きの的《まと》であった太子の帰城《きじょう》でありますから、人々は皆色々に考えて居る。十人は十色で考え方が違って居る、父の心、子の心、母の心、妻の心、弟の心、家臣《けらい》の心、様々に違った方向《ほうこう》に動《うご》いて居るのであります。而も動かないのは今日《きょう》のお客の心で、これは何人も知ることが出来ないのであります。座も定まりましてから世尊は心を籠《こ》めて父王を慰《なぐさ》められた。ここに少し永引《ながび》いた法話《ほうわ》があったのでありますが、そのお話は布施《ふせ》太子の一切施《いっさいせ》——一切を施された話であった、王位を捨て財産《ざいさん》を捨て、子を捨て、妻を捨て、一切を施したと云うことは、つまり一切の人を救う人の道を全うすることであったと云うことを詳しくお話になった。これは父王がたった一人《ひとり》の太子を失われたのに対して、せめてもの慰めのお心持であったのでありましょう。併しこれが精神界《せいしんかい》の法王《ほうおう》として一切生類を平和《へいわ》に導く道であるとする自分に取《と》っては出家せられた申訳でもあったでありましょう。この法話に依って父王を初め宮中の人々は大いなる感動《かんどう》を与えられたのであります。然るにここに安《やす》まらないのは耶輸陀羅妃《やそだらひ》の心であった、妃《ひ》はこの席《せき》に出て来ない。妃《ひ》の心には太子が真に自分を思わるるのであれば逸早《いちはや》く我が室《しつ》に帰られるのが当然《とうぜん》であると云う不満《ふまん》の心から、遂には世尊に対して敬意《けいい》を失うに至ったのであります。父王《ふおう》はこれを気《き》の毒《どく》に思われて耶輸陀羅妃《やそだらひ》は貞節《ていせつ》の生活《せいかつ》をして居ったのであるからどうか会《あ》ってやって戴《いただ》きたいと申されました、世尊は「宜しゅうございます」とお答えになって、舎利弗《しゃりほつ》と目犍連《もくけんれん》とを呼ばれまして、耶輸陀羅妃が如何なる無作《ぶさ》法《ほう》なことをするかも知れないが、どんなことをしても決して止めてはならぬと注意《ちゅうい》を与えてその室に入られたのであります。父浄飯大

26　世尊の帰城王宮説法（野生司香雪筆）

上図　耶輸陀羅妃羅睺羅を示唆して遺産を請わしむ
下左　苦行林に於ける行者苦行の状
下中　降魔の場面とも見ゆれど明かならず
下右　鹿野苑の説法五群比丘教化の状、蓮紋は柱の飾りなり

27　羅睺羅王子の遺産請求（アマラヴティ石柱彫刻）

王は世尊に向って「耶輸陀羅《やそだら》妃は、十一年の間、羅睺羅《らごら》を抱《かか》えて貞《てい》節《せつ》の生活《くらし》をして居りましたから讃《ほ》めてやって戴きたい。貴方《あなた》が一食《いちじき》で修行《しゅぎょう》なさると聞《き》くと自分も一食とし、貴方《あなた》が赤い衣物《きもの》を著《き》て修行せらるると聞くと自分も赤い衣物《きもの》を著《き》て、十一年の永い間羅睺羅《らごら》を育《そだ》てて居りました」と仰せられた、世尊は「それは誠に殊勝《しゅしょう》なことでありました、耶輸陀羅《やそだら》妃は、今は父王の手厚《てあつ》き庇護《ひご》の下に辛《かろ》うじて貞節《ていせつ》を全《まっと》うして居るのでありますが、昔我々両人が夫婦であった時には、私が或る悪王の為に心臓《しんぞう》を射《い》られて死に瀕《ひん》したことがあった。その時、妃は自ら弓矢《ゆみや》を取って一方に自分を介抱《かいほう》しながら、その悪王の襲来《しゅうらい》を防《ふせ》ぎ自分の生命《いのち》を全うせしめたこともあります。妃は、その時、一人で二人の働《はたら》きをもしたのでありますが、それまで勇気に満ちた女性が、今日では貴方《あなた》の庇護《ひご》の力に依り貞節《ていせつ》を全うしたのでありました」と、世尊はこの昔話をなされて他所《よそ》ながら妃を戒められたのであります、この訓戒《くんかい》に満《み》ちた法話も妃にはあまり感《かん》動《どう》を与えなかったらしい。やがて世尊は食事《しょくじ》を済《すま》して城外に帰ろうとせられました、すると耶輸陀羅妃は今十一歳になるかならないか

林中の得度

の羅睺羅《らごら》に向って「あの方《かた》がお父《とう》さんであるから、行って遺産《いさん》を貰《もら》っておいでなさい」と斯う言って羅睺羅を世尊の方に遣《や》ったのであります。すると羅睺羅は何心なく帰らんとせらるる世尊の傍《そば》に近寄《ちかよ》って「お父《とう》さま遺産《いさん》が戴きとうございます」と言った。すると世尊は「そうか」と言って鉄鉢《てっぱつ》をお渡しになった。何か貰えるであろうと仏の後に従《つ》いて行った、到頭《とうとう》城外の尼拘盧陀《にくろだ》〔榕樹《ようじゅ》〕の森まで行ってしまった。そこで世尊は舎利弗《しゃりほつ》を呼んで「この羅睺羅《らごら》を得度《とくど》してやれ」と仰せられた。この時まではまだ子供《こども》が得度《とくど》を受ける規則《きそく》が定って居ない、舎利弗《しゃりほつ》は如何にしたら宜しいのでありますかと尋ねた。そこで世尊は特別《とくべつ》に得度の方法を教えて剃髪《ていはつ》せしめられた。東西も分《わか》らぬ子供《こども》を無理《むり》に入門《にゅうもん》せしめられたのは深い意味《いみ》のあることであります。迦毘羅国の国情《こくじょう》は隣国《りんごく》に大敵《てき》があるので父王百《ひゃく》年の後は容易《ようい》ならぬ危機《きき》に瀕《ひん》するのであるから、羅睺羅では到底持ち切れないことを観破《かんぱ》されたのでありましょう。父王に取っては羅睺羅の出家の為に、更に一つの憂《うれ》えが増したわけであります。若し耶《や》輸陀羅《そだら》妃が今少し賢明《けんめい》であったら、世尊の羅睺羅に対する処置《しょち》も違って居ったかも知れない。世尊は妃をして少しでも仏教を味う心にならしめたいと考えられたのでありましょうが、まだまだ時機《じき》が尚早いことが明白《めいはく》となったのでありましょう。自分の養母《ようぼ》である摩訶《まか》波《は》闍婆《じゃは》提《だい》が女子の教団《きょうだん》を開いて戴きたいと云うことを切に願ったのでありますが、世尊は断乎《だんこ》として許されなかった。世尊のお心は今女子教団《じょしきょうだん》を開いたならば真先《まっさき》に入門するのは耶輸陀羅である。そうすると世評《せひょう》の的《まと》になる。「釈迦如来は教団《きょうだん》を開いて教を弘めて居って、その評判《ひょうばん》も宜しいようであるが、あの有様《ありさま》はどうだ、女子教《きょう》団《だん》を開いて元の妻君《さいくん》〔故二〕を引入れて居るのではないか」と云うような譏《そし》りを受けるであろう。世尊は人の譏嫌《きげん》と云うことを常に心《しん》配《ぱい》せられた。譏嫌《きげん》とは譏《そし》り嫌《きら》うと云うことで、人の譏嫌《きげん》に触《ふ》れると云うことを譏嫌を損《そん》すると云い、譏嫌に触《ふ》るるようなことのないのを譏嫌が宜しいと云うようになって、遂に機嫌《きげん》と書くようになったので、元は仏教の言葉であります。

　世尊は人の譏嫌《きげん》を最も心にかけられた、その為めに尼衆教団《にしゅうきょうだん》の開《かい》設《せつ》は遅《おく》れまして、遂に耶輸陀羅妃が少くとも六十歳以後の時に到って父王の崩後《ほうご》に始めて女子教団《きょうだん》を開き、条件を附して婦人の入門を許されたのであります。

八　世尊一族の感化

世尊は故郷《こきよう》にお帰りになりまして一族の王子、王臣達《たち》の悟りの何物たるかを知らず、有耶無耶《うやむや》に暮《くら》して居ることを憐れにお感じになったのでありましょう。一族の人々に向って懇切《こんせつ》に法話《ほうわ》せられました結果《けつか》として入門するものも随分沢山《ずいぶんたくさん》あったのであります。先ず自《じ》分《ぶん》の子の羅睺羅《らごら》は、東西の分《わ》からぬ子供であるにも拘《かかわ》らず出家《しゆつけ》せしめられた。諸方から相当の非難《ひなん》もあったのでありますけれども、世尊のお心には国を憂《うれ》え、子を哀《あわ》れむの情忍ぶべからざるものがあって出家せしめられたのであります。何故かと云えば迦毗羅城の隣国《りんごく》には舎衛《しやえい》国と云う当時日《ひ》の出《で》の王国がある。ここには恐《おそ》るべき危機《きき》が伏在《ふくざい》して居る。恒に隣国《りんごく》の隙《すき》を狙《ねら》って居るのでありますから、若し羅睺羅《らごら》のような弱少《じやくしよう》の者が王位に即いたならば、国は忽《たちまち》に奪《うば》われるは火を見るよりも明かである、その時の惨《みじ》めさを考えられたのである。

難陀の結婚用意

白飯王《びやくぼんおう》の子提婆達多《だいばだつた》も入門した、斛飯王《こくぼんおう》の子阿那律《あなりつ》も入門した、その外大小の王族の入法するものも多かった、ここに羅睺羅出家の後に、次に王となるべき者は釈尊の義弟である難陀《なんだ》であります、これは齢《とし》が余程《よほど》長じて居りまして、既に二十歳近く成って居るのでありますから、今では直《すぐ》に王位に即くべき身であります。世尊はその為に殊に心配《しんぱい》せられたのであります、或る日、世尊は宮城の方面に向って托鉢にお出でになった、宮城の一隅に在る難陀の邸の前に立たれた。ところが難陀は頻《しき》りに何かの準備《じゆんび》をして居るようである。如何にも容子《ようす》があるらしい。そこで仏は難陀《なんだ》に会《あ》はれて「何事かあるか」とお尋ねになった。ところが「実は私の結婚《けつこん》が近付いて居るのであります」「ああそうか、それは結構《けつこう》である、誰《だれ》を貰《もら》うのか」「この迦毗羅国十六城切っての美人と呼ばれた孫陀利《スンダリ》姫を貰うのであります」と答えた、この言葉が釈尊の胸《むね》を打ったのであります。「それは芽出度《めでた》い」と手を延べて自分の鉄鉢《てつぱつ》をお与えになった。すると難陀は何心なくその鉄鉢《てつぱつ》を受取った、すると世尊は門前に出られ背後《うしろ》も見ず行かれるものでありますから余儀《よぎ》なく後《あと》を追《お》って行ったのであります。そして遂に城外の森《もり》の中までお伴をした。ところが今度は仏は舎利弗にも誰にも命ぜられないで、自分で難陀を剃髪して出家せしめられたのであります。難陀は驚《おどろ》いたのでありますが、お兄《にい》様のなさることに対して異議《いぎ》も唱《とな》えられず、その儘に其処《そこ》に止ったのであります、併《しか》し朝夕《あさゆう》、孫陀利《スンダリ》姫のことのみ考えて居って、とても修行《しゅぎょう》などは思いもよらぬことであった。時には逃げて帰る。逃げて帰ると世尊は自分で尋ねて行って連れて帰る。斯《こ》う云う醜態《しゅうたい》を繰返《くりかえ》すことが幾度もあったのであります。世尊はなんとかして難陀を修行に志《こころざ》さしめんと非常に苦心《くしん》せられたのであります。

或る日、世尊は難陀に向い「難陀よ、今日は天気《てんき》も好いようであるから一つ散歩《さんぽ》しようか」「誠に結構《けっこう》でございます」「それなれば直《すぐ》に仕度《したく》をしろ」と仰せになった。そこで一緒《いっしょ》に黒山《こくざん》の方に向って歩《ほ》を進められた。真上《まうえ》に見ゆる雪山が真白《ましろ》いのでありますから、南に在る低い山は青い木が繁《しげ》って居るのが黒い山のように見える、そこで黒山と云うのであります、入山学道《にっせんがくどう》と云うのは、皆この黒山に入

猿群の飛散

天女の奏楽

って修行するのであります。その山に向って散歩《さんぽ》に出《で》かけられた。春の黒山は一段と麗《うらら》かさを増して居った、ところが突然《とつぜん》と東の方から黒い煙《けむ》りが吹いて来た。何であろうと注意《ちゅうい》せられて居ると、それは慥《たしか》に山火事《やまかじ》と云うことが判った、印度には山火事は珍《めずら》しくないのであります。間《ま》もなく幾百となく猿《さる》が逃《に》げ廻《まわ》って来《く》るのが眼《め》に映《うつ》った、その中の一群は、世尊《せそん》の身近《みぢか》く飛んで来た。そうすると世尊は一つの樹の枝に居る仔《こ》を抱《かか》えている牝猿《めざる》を難陀に見せられて「難陀よ、彼処《そこ》に居る子供《こども》を抱《かか》えて居る牝猿《めざる》が見えるか」「見えます」「あの牝猿《めざる》と汝《おまえ》の慕《しと》うて居る孫陀利《スンダリ》姫と何方《どっち》が美《うつく》しいか」「世尊《せそん》、御冗《ごじょう》談《だん》を仰《おお》せられてはいけませぬ。孫陀利姫は十六城切っての美人《びじん》であります。それをあの牝猿《めざる》にお比《くら》べになっては困《こま》ります」と云うような意味でお答えした。「ああそうか、それは結構《けっこう》である、もっと行こう」と、どんどん北の方に進んで行かれます。すると黒山を越えて、空高《そらたか》く千秋の雪を戴《いただ》いて居る雪山にかかるのであります。もう香酔《こうすい》山をも過ぎて雪の高嶺《たかね》にかかられた、太陽の光を浴びた雪山の光景は一入《ひとしお》麗《うる》わしい、早や地上の白雲は薄らいで紫光《しこう》を帯《お》びた天の

修行の約束

雲が棚引《たなび》いて居る、紫雲の深みに入るに随って遥《はる》かに天楽の音《ね》が聴《きこ》える、間もなく此処《ここ》にも彼処《かしこ》にも天女の姿《すがた》が現《あらわ》れる。霞《かすみ》の衣《ころも》を吹き流し天楽を奏《そう》しつつこの方に向って来る。世尊はその天女の中の一人を指して「難陀よ、あの天女が見えるか」「見えます、何と云う美しい天女でありましょう」「あの天女と孫陀利姫と何方《どっち》が美《うつく》しいか」「もう孫陀利姫などは全く較《くら》べものになりませぬ、天女の美しさはまた格別《かくべつ》であります」と云って驚嘆《きょうたん》して居る。「斯《こ》う云う美人《びじん》が下界《げかい》に居ると思うか」「否《い》や、決していないであろうと思います」「斯《こ》う云う天女と汝《おまえ》は一緒《いっしょ》に棲《す》みたいか」「望む所でございます」「それなれば、それに必要な修行《しゅぎょう》をしなければならぬ、その覚悟《かくご》は有るか」「宜しゅうございます、必ず修行致します」「誓《ちか》うか」「誓います」「それじゃ帰ろう」と世尊は難陀を連れてお帰りになって、元の道を通って城外の森林にお帰りになった。

間もなく隣国の舎衛城の南門外に出来た祇園精舎《ぎおんしょうじゃ》と云う伽藍《がらん》に連れてお出でになって修行をせしめられた。その結果遂に羅《ら》漢果《かんか》を開いた難陀と羅睺羅とは仏に最も手数《てすう》を掛けたのであります。

阿難の托鉢

これに次いで手数《てすう》をかけたのは、白飯王の末子で、仏の従弟阿難《あなん》〔アーナンダ〕であります、阿難は親族《しんぞく》の中で最後《さいご》に入門したのであります。仏の五十五歳頃に出家して二十五年ばかり常にお側《そば》に附き添うて居ったのでありますが、意志《いし》が極めて薄弱《はくじゃく》であったが、求道《きゅうどう》心の深い真面目《まじめ》な比丘であった。この阿難入門してから屢々難陀と同じようにお手数をかけた。阿難は難陀よりも後の随身《ずいしん》者としての奉仕《ほうし》の役《やく》を勤めたのであります、そこで何処へお出でになっても、阿難は側を離れることなく、影の如くに仏に随従して居ったのであります。仏の座下《ざか》に二十五年も修行《しゅぎょう》したのでありますが仏の在世《ざいせ》の間に悟りを開くことが出来なかったのであります。仏が昼となく、夜となく修練《しゅうれん》に力を尽し注意せられたのでありますが、それにも拘《かか》わらず屢々魔障《ましょう》に襲《おそ》われ、その都度《つど》、恐怖《きょうふ》の余り遥かに仏に訴《うった》えて救いを求め、為に心開けて危難《きなん》を逃れ得たのであります。

或る日、阿難は印度の不触民《ふそくみん》の村に托鉢に行ったのであります。不触民と云うのは白人の為に奴隷族《どれいぞく》と銘《めい》を打たれた者の中で最も賤《いや》しい奉仕をするもので、これに触れると云うと自分の資格《しかく》が下《さ》がる

摩登伽女の水汲

阿難水を乞う

母の呪術

と云うので非常に嫌わるる人々なのであります。そう云う人々の住んで居る村に行って托鉢した。すると其処に一つの車井戸《くるまいど》がある、その車井戸で水を汲んで居る、摩《ま》登伽《とうが》女と云う若い女が居った、摩《ま》登伽《とうが》〔マータンガ〕と云うのがその儘、賤《せん》族の名である。阿難は托鉢に疲れて喉《のど》がひどく乾《かわ》いたので、彼女の側に行って「水を一杯頂《いただ》きとうございます」と言った、ところが摩《ま》登伽《とうが》女は「妾《わたくし》は貴方《あなた》に水を献《ささ》げ得るような身分の者ではありませぬ」と答えた、阿難は「私は貴方《あなた》の身分が何であるかを訊《き》いて居るのではありませぬ、水を頂《いただ》きたいのであります」「ああそうでございますか、それでは差上げましょう」と云って水を汲んで恭《うやうや》しく阿難の前に差出した、その途端《とたん》に四つの眼が出会《であ》ったのが病み附きで、阿難の方もぼんやりして我を忘れたのでありますが、摩登伽女の方は熱心に阿難を慕うようになった。斯《こ》う云う時になると、阿難は意志が弱いだけに自省《じせい》も早いのであります、これはいかぬと気が附いて師の世尊の方に向ってお助けを願うのであります。そこで漸く世尊の処に無事に帰ることが出来た、ところが摩《ま》登伽《とうが》女は自分の母が呪術師《じゆじゆつし》で人の心を動

阿難の来訪

逃帰

娘の随巡

かす呪法《じゅほう》に巧《たく》みでありますから、その呪法《じゅほう》に訴《うった》えて、どうかして阿難を呼《よ》び寄せて貰《もら》いたいと母にねだったのでありますが、母は「種族の隔りも遠く修行《しゅぎょう》の道《みち》も違うのであるから、斯《かか》る階級《かいきゅう》を飛び越えての恋《こい》がどうして成立《なりた》ち得るか」と色々に言い聞かせても摩《ま》登伽《とうが》女はなかなか聴《き》かない、「それでは妾《わたし》は死ぬより外はない」と言って母を弱らすのであります。そこで母は余儀《よぎ》なく決心して護摩《ごま》を焚《た》き、呪術《じゅじゅつ》を試みることとなった。その為か阿難は托鉢に出た時、ふらふらと娘の家に入って来た、呪法《じゅほう》の利《き》き目《め》か、阿難は何気なく設けの座に坐《すわ》った、室内を見廻《みま》わすと、これは大変酒宴《しゅえん》の用意《ようい》がちゃんと出来て居る、奥《おく》の室《へや》には寝床《ねどこ》がしつらえられて居る。これを見ると阿難は当惑《とうわく》して、例に依り心の中で遥かに世尊に向って現状《げんじょう》を訴《うった》えてお助けを願い、この日も無事《ぶじ》に帰ることが出来たのであります。摩登伽女は掌中《てのなか》の珠《たま》を失《うしな》った心持で阿難を慕《した》うて忘れることが出来ぬ、毎日村端《むらはず》れに行って阿難の来るのを待って居る。そうして阿難が来ると、その後から従《つ》いて歩《ある》くのであります。到る処影の如くに阿難に附き添うて来るので、気の弱い阿難は托鉢《たくはつ》に出ることが出来ない、そうして、再三世尊に訴えて居る。一方では摩登伽女は阿難が出て来ないので遂に教団に尋ねて来た。その時、阿難の代りに世尊がお会見《あい》になって「汝《おまえ》はどうしても、阿難を慕《しと》うて結婚《けっこん》したいと言うのか」「そうでございます」「併し阿難は比丘《びく》である、比丘《びく》と結婚すると云うのには汝《おまえ》も比丘尼《びくに》にならなくては出来ない」「それは覚悟《かくご》でございます」「そんなら比丘尼になるとしても母の許しを得て来なくてはならぬ」と仰せられた。そこで翌日《よくじつ》早速母を連れて教団に出て来た。それで型《かた》の如く得度《とくど》せしめてそうして尼衆《にしゅう》の中に入って共に修行することになった。修行をして居る中に世尊のお話も聞き、先輩《せんぱい》の尼《あま》さんからも教も受けて修行に心が傾《かたむ》くようになり、結婚のことは忘れてしまって、純真《じゅんしん》なる尼衆の一人となった。これは不触民《ふそくみん》と卑《いや》しめられた摩登伽女が、仏門に入ってからは同僚《どうりょう》の王族や婆羅門族から出た貴族の人にも、一寸も羞《はじ》らうことなく、相互いに同行の尼衆《にしゅう》と成って過すことが出来るので、その励《はげ》みの為に正道を履むに至ったのであります。同列《どうれつ》の男子にも賤民から出たものは多かった。迦毗羅城の斬髪《ざんぱつ》師であった優波離《うはり》は、仏門に入って持律第一となった。舎衛城の除糞《じょふん》奴であった尼提《にてい》は入門後間もなく神《じん》通《つう》道に達した。これは前にも述べたように、世尊が四民平等《しみんびょうどう》、一味《いちみ》和《わ》合《ごう》の根本義《こんぽんぎ》を標榜《ひょうぼう》せられた為である。世尊は人種や階級《かいきゅう》に依る差別《さべつ》待遇《たいぐう》を排斥《はいせき》することが最も当代に必要であると考えられたのでありまず。仏教の平等の教は奴隷階級を救う為に四民平等を唱えられたことから発生したのであります。これが段々に精神的の平等主義として拡大せられて、遂に差別即平等、平等即差別と云う仏教の根本義と成ったものと考えらるるのであります。

須達長者の黄金布地

祇陀太子の懇請

九　祇園精舎の建立

舎衛《しやえい》城の須《す》達《だつ》〔スダッタ〕長者は慈善心《じぜんしん》に富み、恒に孤独《こどく》のものの給養《きゆうよう》を心がけて居ったので、世の人は給孤独《ぎつこどく》長者と称して居った。王舎城に住む親族《しんぞく》の長者の家で世尊にお目にかかりどうかして舎衛城でも仏の為に僧園《そうえん》を造って献上《けんじよう》したいと考えた。帰って後土地を探《さが》し求めたが、王舎城と違い舎衛城は平地ばかりであるから僧園に適《てき》する地が見出されない、祇《ぎ》陀《た》〔ゼータ〕太子の別墅《べつしよ》が舎衛城の南門から十丁ばかり隔《へだた》って、平地より少し高い地面《じめん》にある。長者は太子に願って、その地を譲り渡すことを請うた、然るに太子はこれを譲る意志《いし》がない、戯《たわむ》れに別墅《べつしよ》の地に黄金《おうごん》を敷《し》きつめたなら譲っても宜しいと答えた、長者は有難《ありがと》うございますとお受けして、早速牛車《さつそくぎゆうしや》に黄金を載《の》せて運《はこ》び別墅《べつしよ》の地に布き始めた、太子が行って見ると已に大部《ぶ》分《ぶん》は敷《し》き終って居る。太子は驚いて自分《じぶん》の邸宅《ていたく》の構えある地

仏在留廿五年

だけは自分から献上させてもらいたいと頼まれた、そこで長者と太子と両人で献納《けんのう》することとした、祇園精舎《ぎおんしょうじゃ》の正しい名は祇樹給孤独《ぎじゅぎっこどく》園《おん》と云うのである、祇陀《ぎた》太子の樹園《じゅえん》、給孤独《ぎっこどく》長者の僧園《そうえん》と云う意味である。一つの寺に二つの名が附いて居るのは、両人の献上であるからであります。これからのちは、祇園精舎は、仏の南地化導《けどう》の中心たる王舎《おうしゃ》城霊鷲山《りょうじゅせん》に対して、北地化導の中心となり、世尊教化の地盤《じばん》が南北両方に設けられ、両処の間を往復して化導せられた、これが仏蹟《ぶっせき》と名づけられるようになったわけであります。

殊に舎衛国は世に時めく名君波斯匿《はしのく》王〔プラーセーナジット〕の治世であって威風《いふう》を望んで王の傘下《さんか》に集まる小国王も多く外護《げご》の力もあり、有名なる給孤独《ぎっこどく》長者の供養《くよう》の力もあり、祇園精舎は最も華やかな根本道場《こんぽんどうじょう》であった。祇園精舎のある処は牛頭山若くは牛角山とも称せられ、牛頭天王の鎮守であったらしい、世に祇園神社と云うのは牛頭天王であります。仏は廿五年此の地に留住《りゅうじゅう》せられたと謂われて居る。然るに南地の王舎《おうしゃ》城の霊鷲山《りょうじゅせん》にも亦仏は廿五年遊住《ゆうじゅう》せられたと伝えられて居る。兎《と》も角《かく》、この両処は仏蹟《ぶっせき》の南北両極《りょうきょく》で

28　須達長者黄金布地（バルハット彫刻）

祇陀太子より牛頭山の離宮を買求めて仏に献ぜんとし、太子の求に応じ黄金を全地に布きつつある図。阿育王朝文字は祇陀林を給孤独長者献上するの意を記したるもの

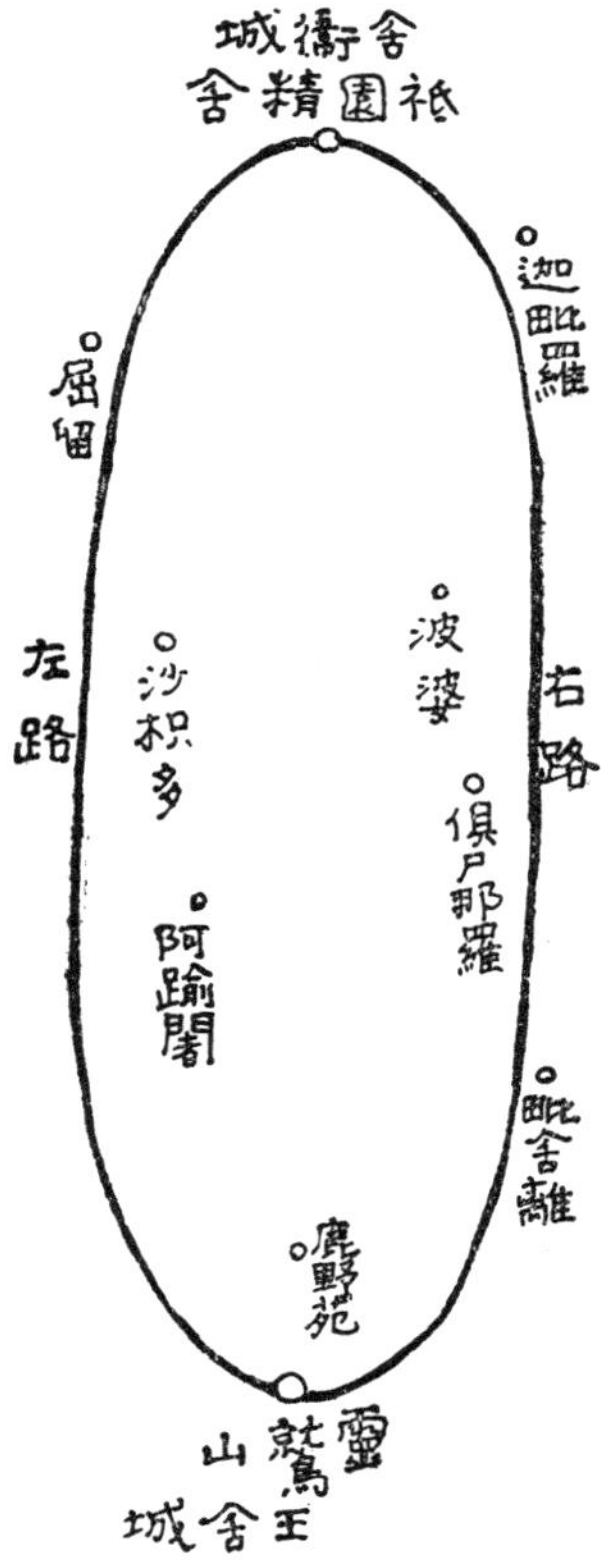

あるから、仏は通則《つうそく》として南の霊鷲山《りょうじゅせん》に於て四月十五日から七月十五日迄の安居《あんご》を終らるると直ちに発足《ほっそく》して北方に向い、途中化導《けどう》しつつ進まれて北の祇園精舎《ぎおんしょうじゃ》で次の年の安居《あんご》を終られ、七月十五日以後には再び南進し翌年の安居《あんご》までに霊鷲山《りょうじゅせん》に還らるる。道の順序《じゅんじょ》は往路《ゆきみち》に右辺を進まるれば、帰路《かえりみち》は左辺を過ぎらるる。つまり全仏蹟《ぶっせき》は両根本道場を結ぶ楕円線《だえんせん》の内部に在ったのである。世尊の五十年の遊化《ゆうけ》が凡廿五年ずつ両処に暮らされたとすれば、他の仏蹟には行

祇園精舎愛の説法

かれないように思わるるかも知れぬがそうではない、安居《あんご》は両処で過ごされても安居と安居との間は他の仏蹟を通過せらるるのである、時には外の地方で安居せられたこともあるから、廿五年必ずこの両処に於て安居せられたとも思えないが、大体仏の一生がこの両処を中心として活躍《かつやく》せられたことは明白である。

舎衛城の波斯匿《はしのく》王の皇后末利《まり》夫人は迦毗羅城の出《で》であって賢明《けんめい》の資《たち》であった、仏の説法で王の領解《りょうかい》せられないことは夫人が巧みに、説明して仏意を領せしめたのである、舎衛城の富める商家《しょうか》の大事な子が亡くなった、父は何か慰安《いあん》の法話を聴こうと思い、祇園精舎に仏を尋ねて、子が亡くなって悲哀《ひあい》に沈んで居ることを申上げた、仏は哀れな父を慰めて「愛欲《あいよく》は苦の本である」と丁寧に教えられた、すると本人は極めて不平で帰路に王宮に参して、そのことを波斯匿王に申上げた、王も分らない、愛欲《あいよく》は幸福《こうふく》の本でなくてはならぬ、然るに仏はこれを苦の本だと説かれるのは不都合《ふつごう》であると考えて、末利《まり》夫人にこのことを話された。夫人は王に対して「仏の仰せは御尤でありあます、大王はこの金剛女《こんごうじょ》〔後の勝鬘《しょうまん》夫人〕をお愛しになりますか」「勿論、目に入れても痛《いた》くないまでに愛して居る」「この娘に何事か起ったなら如何なさいますか」「或は悶死《もんし》するかも知れぬ」「それ御覧なさい、愛が深ければ深いだけ、苦も悲しみも多いのでありますし、その代り他人の娘の身に如何なることが起るとも単なる同情に止まるでありましょう」と申上げた。王は夫人の話を聞いて「至極《しごく》尤である、仏語《ぶつご》に虚妄《こもう》なし、愛は苦の本であるに相違ない」と仰せられた。

恋愛を神聖なりと考え、夫婦生活を神《ゴッド》の命令を行うものとして居た西洋の人々も、今となって見れば、大抵の恋愛《れんあい》の手形《てがた》は皆不払《ふばらい》に終る、如何にもその神聖性《しんせいせい》に疑いを抱かざるを得ない、そこに仏の「愛は苦の本なり」との言を聞き二千五百年前にこの仏語ありしに驚きを感じたものが多いのであった。仏教者は、自己は愛欲を捨てて修行することは出来ないとしても、愛欲に浸《ひた》って居ては真の悟りは開けない位のことは皆承知して居る。我々の本能の生活を神《ゴッド》の命令《めいれい》などとは毛頭考えない、ここに東西思想の根本の差があるのであります。

ここに話した金剛《こんごう》女は後に阿踰闍《あゆじや》国の友称《ゆうしよう》王の皇后となり勝鬘《しようまん》夫人と名けられた。父波斯匿《はしのく》王と母の末利《まり》夫人とは、仏が祇園精舎にお出でになって間もなく嫁に遣った勝鬘夫人のことが気にかかり、この頃の仏の有難い御話を聞かせたいと考えて、そのことを申遣わされた。勝鬘夫人は天性聡明《てんせいそうめい》で菩薩格《ぼさつかく》の女性でありますから、仏意を受けて十大受《じゆうだいじゆ》、三大願《がん》、純一大乗《じゆんいちだいじよう》など説いて仏の授記《じゆき》を得たのが勝鬘経である。聖徳太子が自ら勝鬘《しようまん》と号せられたのは勝鬘夫人の本《ほん》誓《ぜい》を慕《した》われたものであろう。

解説

十大受　勝鬘夫人の自ら説きたる受戒とも謂うべき十大受は、「今日より菩提に至るまで（一）戒行に於て犯心を起さず、（二）尊長に対し慢心を起さず、（三）生類に対し恚心を起さず、（四）他の身具に対して嫉心を起さず、（五）内外の法に於て慳心を起さず、（六）自己の為に財物を受蓄せず、（七）自己の為に四摂法（布施、愛語、利行、同事）を行ぜず、（八）生類の厄難を脱せしめん、

（九）折伏摂受宜しきに随わん、（十）正法を摂受して忘失せず」の十項である。

三大願

勝鬘夫人が重ねて誓いたる三大願は「（一）一切生に於て正法智を得ん、（二）生類の為に正法智を説かん、（三）身命財を抛って正法を獲持せん」の三項である。

十　大聖《だいしよう》教化《きようけ》の特性《とくせい》

仏の在世《ざいせ》は五十一年の長きに亙《わた》って居るのであるから、年若い時の説法と年老いて後の説法とは、その内容《ないよう》も相当《そうとう》に差異《さい》のあるのは勿論《もちろん》であります。仏の会座《えざ》に馳参《はせさん》じて教を受けた聴衆《ちようしゆう》も、皆仏と倶に年老いて行くのであるから、次第に耳も肥《こ》え、心も自然に円熟《えんじゆく》して行くわけであります。聴衆《ちようしゆう》の中には、一般の方面から見ても、王《おう》者《しや》もある、長者《ちようじや》もある、商人《しようにん》もある、農民《のうみん》もある、教団に入って弟子となったものにも、婆羅門族もある、王族もある、農商《のうしよう》族もある、奴隷《どれい》族もある、智者もある、愚者もある、男子もある、女子もある、一時相会《あいかい》して談論《だんろん》せられた人の中にも、仏教に同情《どうじよう》を持たない外道《げどう》哲学者《てつがくしや》もある、仏教に正面に反対《はんたい》する宗教信者《しゆうきようしんじや》もある、一々仏教団の教風《きようふう》を模倣《まね》て自ら覚者《かくしや》〔ブッダ〕と云い、勝者《しようしや》〔ジナ〕だと云って居った教祖《きようそ》もあります。世尊の弟子の内にも提婆達多《だいばだつた》のような教

時代思想の動向に対して平等主義

団破壊《はかい》の逆罪者《ぎゃくざいしゃ》もあります。教団《きょうだん》の外に卑劣《ひれつ》な敵も居る、戦遮女《ちんちゃ》と云う賤しき女性を示唆《そそのか》して、仏の名声《めいせい》を傷《きず》つけんとした異教者《いきょうしゃ》もあったのであります。此等《これら》一切の人々に対して時に応じ機《き》に対《たい》して、縁なきものは別として、縁ある者にはそれぞれその人に適するように、丁寧に教化《きょうけ》せられたのであります。

仏在世の時代《じだい》も、アリヤ人種の印度《いんど》に入って後、已に大凡二千五百年を経過《けいか》して居るのであるから、文化《ぶんか》の道程《どうてい》も余程《よほど》進み、思想《しそう》の進歩《しんぽ》も近代《きんだい》と殆《ほとん》ど同じような唯物的傾向《ゆいぶつてきかたむき》を示して居り、智慧《ちえ》の印度《いんど》と名けて差支《さしつか》えなきまでに開けて居ったのであります。

〔一〕時代思想《じだいしそう》の動向《どうこう》に対して、世尊が取られた方針《ほうしん》は、大体に於て平等主義であって、凡そ次の如くであったと思われます。

聖《せい》〔アリヤ〕なる人種を本位とし、その思想《しそう》から被征服者たる印度人に対して起った鋭き排他思想《はいたしそう》に対しては

仏は聖〔アリヤ〕なる人格を本位とせる自覚主義を以てこれに当《あた》られた、人格完成としての仏教はこれより成立したのである。

印度奴隷階級《どれいかいきゅう》に対する差別待遇《しゃべつたいぐう》に対しは

仏は一味和合《いちみわごう》の教団《きょうだん》を以てこれに当《あた》られた、平等主義としての仏教はこれに依って起ったのである。

一般唯物《ゆいぶつ》主義の動向《どうこう》に対しては

仏は由心《ゆうしん》主義、理想《りそう》主義、自己創造《じこそうぞう》主義を以てこれに当《あた》られた、万法唯心の教義はこれより発生したのである。

順世享楽《じゅんせいきょうらく》主義と厭世苦行《えんせいくぎょう》主義との両極端《きょくたん》に対しては

仏は中道理想《ちゅうどうりそう》主義を以てこれに当《あた》られた、苦楽を超越したる実相教としての仏教はこれより発生するのである。

妄想楽観《もうそうらくかん》主義の傾向《けいこう》に対しては

仏は三界皆苦《さんがいかいく》の真相《しんそう》を指摘《してき》し、苦を苦として、これに対応《たいおう》すべき忍苦《にんく》、忍辱《にんにく》の主義を教えられた。勇猛精進の教としての仏教はこれより発生するのである。

宇宙《うちゅう》的実在《じつざい》〔本体〕を主張する根本原理《こんぽんげんり》説〔無意識創造〕又は第一原因説〔意識的創造〕に対しては

仏は総べての一因主義を非認《ひにん》し、多因《たいん》主義、因縁生《いんねんしょう》主義を以てこれに当《あた》られた、一切の縁起説はこれより発生したものである。

個性《こせい》的実在《じつざい》を主張《しゅちょう》する自我〔アートマン〕哲学に対しては
仏は自我説、実我説、実法説を非認《ひにん》し、無我説を主唱された、
一切生類を対象とせる没我主義はこれより発生したものである。

永遠不変《えいえんふへん》の霊魂《れいこん》説、我の実在説に対しては
仏は業力不滅《ごうりきふめつ》の説を以てこれに当《あた》り、無我説、非実在説、自律主義、業報説を主張せられた、過去、未来、現在に於ける現身の相続の外、何ものをも認めない、動的生成の教としての仏教はこれより発生するのである。

一切万有《ばんゆう》の常住説、実有説永遠不変説に対しては
仏は諸法無我説、諸行無常《しょぎょうむじょう》説を以てこれに当られ、殊に造物主《ぞうぶつしゅ》、創造神《そうぞうしん》の説に対しては徹底《てってい》的にこれを非認《ひにん》せられ神《ゴッド》の創造に対し自己創造《じこそうぞう》説を主張せられた、個性《こせい》は別業《べつごう》の所感《しょかん》に成り、宇《うち》宙《ゆう》は共業《ぐうごう》の所感に成る、一切を業報《ごうほう》説に帰し、業感生成《ごうかんせいせい》説を主張せられたのである。

唯物説《ゆいぶつせつ》から派生《はせい》する自然主義、無因《むいん》主義、放任《ほうにん》主義に対しては
仏は業因《ごういん》主義を以てこれに当《あた》られ、業力不滅《ごうりきふめつ》、自業自得《じごうじとく》、善因《ぜんいん》

教団の組織に関して
自治主義

善果《ぜんか》、悪因悪果《あくいんあくか》の根本義《こんぽんぎ》に依り因果《いんが》応報《おうほう》の避《さ》くべからざることを力説《りきせつ》せられた。

同じく唯物説《ゆいぶつせつ》から派生する現世《げんせい》主義、断見《だんけん》〔身心断無〕主義常《じょう》見《けん》〔身心常有〕主義に対しては

仏は三世因果、十二縁起説を以てこれに当《あた》られた。

迷信《めいしん》的禁呪《きんじゅ》、祈禱《き とう》、卜占《ぼくせん》に対しては

仏は凡べての迷信的禁呪《きんじゅ》や祈禱《き とう》や卜占《ぼくせん》など、阿闥婆吠陀《あ たるば べいだ》の修法《しゅうほう》を厳禁《げんきん》せられた、これは他の神に対する修法を禁ぜられたのであって、仏に対し祈禱することのあるべき理由はない、殊に卜占祈禱を売りものとする邪命《じゃみょう》主義は鋭《するど》く排斥《はいせき》せられた。

〔二〕仏教団の組織《そしき》に関し、仏の取られた方針は、大体に於て自治《じち》主義であって、凡そ次の如きものであります。

教団の評定《ひょうじょう》や採決《さいけつ》の会議《かいぎ》には仏は決してこれに参加《さんか》せられない、教団の会議《かいぎ》は凡べて作法《さ ほう》〔カンマヴーチャ〕と名ける、得度《とくど》作法進《しん》具《ぐ》作法、断罪《だんざい》作法、白二《びゃくに》作法〔一読会即決法〕、白四《びゃくし》作法〔三読会評決法〕、投籌《とうちゅう》作法〔投票《とうひょう》法〕、布薩《ふ さつ》作法〔説戒会、即、日曜学校〕安居《あんご》

作法〔坐夏法、即、夏期学校〕、自恣《じし》作法〔盂蘭盆会、即、卒業式〕等がある。

教団会議《かいぎ》は五人以上に非ずんば開くことを得ない、会議の議長は最上座《さいじょうざ》の比丘《びく》これに当《あた》る。

得度《とくど》の式には三帰依〔帰依三宝〕を為さしめ、五戒を授くるのである、五戒とは左の如き常識《じょうしき》の戒条である。

他の生命《せいめい》を奪《うば》わざれ〔不殺生〕、他の財物《ざいぶつ》を奪《うば》わざれ〔不偸盗《ちゅうとう》〕、虚言《きよごん》せざれ〔不妄語〕、邪婬《じゃいん》せざれ、飲酒《おんじゅ》せざれ

進具《しんぐ》の式には十戒を授く、又これを具足戒とも名く、比丘に進む式である、十戒は殺生《せっしょう》、偸盗《ちゅうとう》、妄語《もうご》、綺語《きご》、悪口《あっく》、両舌《りょうぜつ》、邪婬《じゃいん》、貪《とん》欲《よく》、瞋恚《しんい》、邪見《じゃけん》の十不善を誡むるのである。

以上の二式には親教師《しんきようし》〔和尚《おしょう》〕と軌範師《きはんし》〔阿闍梨《あじゃり》〕と二人あるを要《よう》する、親教師《しんきようし》は実際《じっさい》に教訓《きようくん》の任《にん》に当り、衣鉢道具《いはつどうぐ》を用意し、資格《しかく》あることを上申し、開式《かいしき》を申請《しんせい》する。軌範師《きはんし》は資格《しかく》を審査《しんさ》し、作法《さほう》を行い、度牒《どちょう》を与えるのである、五戒を守るものは人間界に生れ、十善を全うするものは天上界に生るとする。

教団の比丘《びく》の守るべき法典《ほうてん》の条目《じょうもく》は凡そ二百五十戒であるが、比丘尼に対する条目は二百八十戒である、この法典《ほうてん》は戒本《かいほん》〔波羅提《ブラテイ》木叉《モークシヤ》〕と名ける、その内容は八項に分れて居る。

追放罪《ついほう》　停止罪《ていし》　認定罪《にんてい》　没収罪《ぼつしゆう》

悔過罪《けか》　告白罪《こくはく》　衆学法《しゆうがく》　滅諍法《めつじよう》

戒本《かいほん》は比丘と比丘尼とで相違はあるが、大体は同じことである。

教団の会議は自ら二つに分れる、行政《ぎようせい》と司法《しほう》とである、断罪《だんざい》作法即ち司法の外に一般の会議《かいぎ》がある、多くは教団自治《じち》の行政に関するものである、この会議法は今から二千五百年前に今日と余り違いない精しい組織《そしき》が仏に依って定められてあったことは驚くべき歴史上の事実《じじつ》である。

白二《びやくに》作法と云うのは急《きゆう》を要《よう》する場合《ばあい》に会議を開き、即決《そつけつ》する作法である、議案《ぎあん》を高唱《こうしよう》すること一回にして終るを白二羯磨《びやくにこんま》〔作法〕と名ける、これを一白一作法《いちびやくいちさほう》の式と云う、一度議案を表白《ひようびやく》〔読〕して、二度目の表白は決議終了の宣言であるから白二と云うのである、一読会即決の法である。

白四《びやくし》作法と云うのは、一々丁寧に議案を三度まで高唱《こうしよう》し異議《いぎ》なきを認めて、四度目の表白は決議終るの宣言であるから白四羯磨《こんま》〔作法〕と名ける、一白三作法の式と云う、三読会正式決議の法である。

投籌《とうちゆう》作法は投票《とうひよう》の法である、初期は竹籌《ちくちゆう》を用いたらしいが後には紙票《しひよう》を用いるようになって、現代と同じく色票《しきひよう》を用ゆるに至った、青黄赤白の諸票を用いるのである、提案《ていあん》の数《かず》だけ色票《しきひよう》があるわけである、この点は今の青白の二色に依る法とは違って居る。色票《しきひよう》を行《こう》籌《ちゆう》者〔書記官〕が持廻《もちまわ》り、票を取らしめ取票《しゆひよう》の数に依《よつ》て多少を計りて決する。投票法《とうひようほう》にも種々ある。

公開《こうかい》投票　秘密《ひみつ》投票　伝意《でんい》投票

と云うような方法があった、伝意《でんい》投票はまた耳語《じご》投票とも云い、教団の危機《きき》と云うような時に内命《ないめい》を伝えて教団支持《しじ》の投票を為さしむる方法である。

布薩《ふさつ》〔ポーシャダ〕作法は説戒会《せつかいえ》で、一週一度若くは二週一度地方教団が集り、上座が戒本《かいほん》を読み聞かせて、戒条に触れたものは告《こく》白《はく》せしめる戒法習練《かいほうしゆうれん》の会合である、今の日曜学校に当る、これに依って毎週の持犯《じはん》を試《こころ》みるのである。

安居《あんご》作法はまた雨安居《うあんご》とも坐夏《ざげ》とも云う、一年一度の雨期《うき》四月十五日から七月十五日、或は六月十五日から九月十五日まで三カ月間を、二回に分けて雨籠《あまごも》りして仏の教法に就き学習《がくしゅう》し、討論《とうろん》するのである、外出せずに学習《がくしゅう》するから安居《あんご》と云うのである、これは全く今の夏期学校である。

自恣《じし》作法とは安居の最終日《さいしゅうじつ》に行われる式である、自恣《じし》とは自由と云うことで安居が済むと一人一人が全衆《ぜんしゅう》に向って「私の安居に於ける学習《がくしゅう》、言行《げんこう》、修養《しゅうよう》などに就き批難《ひなん》、不満《ふまん》、疑問《ぎもん》などあらば遠慮《えんりょ》なく自由《じゆう》に御指示《しじ》を願います」と申出づる式である、これが言わば公《こう》試《し》の式でこれを通過《つうか》したものは学階《がくかい》が進《すす》むのである、そこで仏は比丘の地位《ちい》の進んだ時であるから、自恣《じし》の日に比丘に布施《ふせ》すれば、七生の父母を救うこととなると目連《もくれん》尊者に告げられたので、尊者は母の為に布施を行った。故に七月十五日自恣《じし》の日を盂蘭盆会《うらんぼんえ》〔ウッランヴナ〕の万霊供養《ばんれいくよう》の式日とするようになったのである。

盂蘭盆〔ウッランヴナ〕は「懸空」の義とすれど甚怪しむべきで

一般民衆に対して互尊主義

ある、巴利のウッルンパナ「救済」「引導」が一層俗化したものかと思わるる、名義大集〔二六八〕にもウッルンパトゥマーム「我求引導」と訳してある。

教団〔サンガ〕は僧団《そうだん》とも云う、僧伽《サンガ》とは和合衆団《わごうしゅうだん》の意味で、四衆を含む名である、四衆とは比《び》丘《く》〔乞士《こつし》〕比《び》丘《く》尼《に》〔乞女〕優《う》婆《ば》塞《そく》〔信男〕優《う》婆《ば》夷《い》〔信女〕を指す、出家と在家との二衆を男女に分けて四衆としたのである、されば四衆共に僧であるから、僧を出家に限ると思うのは全く間違《まちがい》である、在家の信者も亦僧〔教団〕の一部である。

〔三〕在家の信者、一般の民衆《みんしゅう》に対する仏の教化は至れり尽せりと云うべきである。大体《だいたい》に於ては仏教は互尊主義であって一切の道徳を双務《そうむ》的《てき》に教えた所にその特徴《とくちょう》がある、この点は全く儒教《じゅきょう》その他の宗教とその趣《おもむき》を異にして居る。出家と在家との間の道徳も双務《そうむ》的《てき》である。

出家に対しては法施《ほうせ》を教えられた、法を施さねば出家ではない、故に出家は在家に対して施《せ》主《しゅ》〔ダーナパティ〕即ち旦那《だんな》である。

双務的教化

又在家に対しては物施《ぶっせ》を教えられた、食物《しょくもつ》を施すを食施《じきせ》と云い、財物《ざいぶつ》を施すを財施《ざいせ》または物施《ぶっせ》と云う、故に在家も亦出家に対して施主《せしゅ》〔ダーナパティ〕即ち旦那《だんな》である。仏は斯の如く相互《そうご》旦那《だんな》の法、やがて一切旦那の法を教えられ、これを以て道俗《どうぞく》の間の道徳《どうとく》を整理《せいり》せられたのである。

家庭《かてい》の道徳に就ても全く双務《そうむ》的《てき》に教えられた。六方礼経《ろっぽうらいきょう》は尸迦羅《しから》越《おつ》〔シーガラヴティイ〕と云う。青年に対しての教化であるが、双務的教訓の代表的のものである。

東方礼

子は宜しく五事を以て東方たる父母に敬事《けいじ》すべし。

一に喜んでその扶養《ふよう》を為す、二に喜んでその責務《せきむ》を行う、三に喜んでその所有《しょゆう》を守る、四に喜んでその家を嗣《つ》ぐ、五に喜んでその霊《れい》を慰《なぐさ》む。

父母も亦五事を以て子を愛念《あいねん》すべし。

一に悪事より遠《とお》ざからしむ、二に徳行《とっこう》に於て訓練《くんれん》せしむ、三に正しき教育《きょういく》を与う、四に善き配偶《はいぐう》を選《えら》ぶ、

五に時を得て家を継《つ》がしむ。〔六方礼経〕

善の極は孝より大なるはなし、悪の極は不孝なり。〔忍辱経〕

西方礼

夫は五事に於て西方たる妻を扶養すべし。

一に敬意《けいい》を以て対す、　二に温言《おんげん》を以て接《せっ》す、

三に他情《たじょう》を有《ゆう》せず、　四に尊厳《そんげん》を保たしむ、

五に装飾《そうしょく》の具《ぐ》を与う。

妻も亦五事に於て夫に愛《あい》を表すべし。

一に家事《かじ》を整《ととの》う。　二に親切を以て親族朋友《しんぞくほうゆう》に接す。

三に貞節《ていせつ》を守る。　四に厳《げん》に夫の所有《しょゆう》を守る。

五に忠実《ちゅうじつ》に責務《せきむ》を果す。〔六方礼経〕

弟子よ、邪《よこしま》なる婬を去り、自の妻室《さいしつ》にて足《た》るを知り、他の女人に於て一念だも愛慕《あいぼ》の情を生ぜざれ。〔華厳経〕

子にのみ孝経あり、父母に親経なく、妻にのみ貞操の教ありて夫に邪婬の誡《いましめ》なき儒教道徳に就き、倫理を教うる者は説明に苦しむので、殊に貞操に関しては、同人格、同権、同純潔《じゅんけつ》などの理由を以て

説くものが多い、二千五百年前の釈尊の教に、一方に他情を有せずと教えられ、他方に貞節を守ると教えられ、一般の俗人に邪婬の戒ありて、自室《じしつ》を守るべき教訓あることを示すのみにても修養《しゅうよう》の資《し》たるべきである。南方礼は師弟、北方礼は朋友、上方礼は道俗、下方礼は主従の間の道を双務的に教えられてある。

舎衛《しゃえい》城の給孤独《ぎっこどく》長者はその長子に美わしい妻を迎えた、その名を玉耶《ぎょくや》姫と云った、姫は驕慢《きょうまん》で度し難きものであったが、仏は姫を戒め婦道を示されたのである、その説法は誠に懇切《こんせつ》なものであった、それには五等の婦のあることを教えられた。

一には母婦と云う、母の子を愛する如く夫に仕う。

二には臣婦と云う、君に仕うる如く夫に仕う。

三には妹婦と云う、兄の如く夫に仕う。

四には婢婦と云う、主の如くに夫に仕う。

五には夫婦と云う、恩愛《おんあい》にして同心異形《どうしんいぎょう》、敬慎《けいしん》にして善く内外に事え、驕慢《きょうまん》の情なきを夫婦の道と云う。〔玉耶経〕

この外に怨婦、賊婦と云うものを説きたまい、汝は如何なる婦たらんとするかと懇《ねんごろ》に教えられ、玉耶姫は遂に無比《むひ》の貞婦《ていふ》と化したと云うことである。

朋友は七法を具えて初めて相互に親友たるを得、七法とは何ぞ。作《な》し難きを能く作《な》す。与《あた》え難きを能く与《あた》う。忍《しの》び難きを能く忍《しの》ぶ。密事《みつじ》は相告《つ》ぐ。互《たがい》に相覆蔵《あいかく》す。苦に逢《お》うて捨《す》てず。貧賤《ひんせん》を軽《かろ》んぜず。〔四分律〕

世間の人民、父子、兄弟、夫婦、家室《かしつ》、中外の親属《しんぞく》、常《まさ》に相敬愛《あいけいあい》すべし、相憎嫉《ぞうしつ》することなかれ、有無《うむ》相通《つう》じ得て貪惜《たんせき》することなかれ、言色《げんしき》常に和《わ》して相違戻《いれい》することなかれ。〔大無量寿経〕

能く学ばしめ、能く教え、学に敏《びん》ならしめ、善道《ぜんどう》に導《みちび》き、賢友《けんゆう》に属《ぞく》せしむ、是れ師の弟子に対する五事なり。〔善生子経〕

世に二つの妙法《みょうほう》ありて世間《せけん》を護《まも》る、慚《ざん》と愧《ぎ》となり、若しこの二法なくば、世間《せけん》、父母、兄弟、妻子、知識、尊長、大小の別なく畜類《ちくるい》と同等なり。〔増一阿含経〕

世間出世間の恩に四種あり、一に父母の恩、二に衆生の恩、三

に国王の恩、四に三宝の恩なり、この四恩は一切衆生の平等に荷《か》負《ふ》する所なり。〔心地観経〕

三界は是れ我が有《ゆう》なり、その中の衆生は悉《ことごと》く皆吾が子なり。〔法華経〕

仏の遊履《ゆうり》したまう所、国邑《こくゆう》、丘聚《きゅうしゅう》、化《か》を蒙《こうむ》らざるはなし。天下和順《わじゅん》に、日月清明《せいめい》、風雨時を以てし、災厲《さいれい》起らず、国豊《ゆた》かに民安《やす》く、兵戈《へいか》用いることなく、徳を崇《たっと》び仁を興し、務《つと》めて礼譲《れいじょう》を修《しゅう》す。仏曰《のたまわ》く、我汝等諸天人民を哀愍《あいみん》すること父母の子を念うよりも甚し。〔大無量寿経〕

以上は仏教の全般《ぜんぱん》を示す為には甚《はなは》だしく不充分《ふじゅうぶん》であるが、単《たん》に世間の倫理に取って意義《いぎ》ありそうなものをここに例示《れいじ》したのみである、これでも全く出さないよりは宜しいかと思ったのであります。

十一　迦毗羅城の悲運

父浄飯大王の罹病

釈尊の父浄飯《じょうぼん》大王は、齢《とし》既に九十七で、世尊もはや六十七となられた頃のことであります。浄飯大王は重《おも》き病《やまい》に罹《かか》られ、その報告《ほうこく》が王舎《おうしゃ》城に達しました、それを聴《き》かれると、世尊は常時《じょうじ》と違いまして、難陀《なんだ》、阿難《あなん》、羅睺羅《らごら》と云うような近親《きんしん》の者ばかりを伴われまして、取るものも取敢えず北の方へ向って旅立《たびだ》たれたのであります。

世尊の看病

故郷《こきょう》に著《ちゃく》せられると直ちに王宮に入られて、王の病室《びょうしつ》に参《さん》せられ、お疲れを安《やす》めらるる暇《ひま》もなく病牀《びょうしょう》に在って湯薬《とうやく》に侍《じ》し、看病《かんびょう》せられたのであります。看病《かんびょう》とか瞻病《せんびょう》とか云うのは病気を看護《みとり》すると云う言葉であって、仏教《ぶっきょう》の語であります。

瞻病の五徳

この看病又は瞻病《せんびょう》には五徳が教えられてある。五徳とは要《よう》するに五つの資格《しかく》を有すべきを示されたものであります。第一には、病人の食すべきものと食すべからざるものとを知らなければならぬ。これが第一の資格《しかく》。第二には、病人の大小便利《べんり》や唾吐《だと》を処理《しょり》することを厭うてはならぬ。第三には、慈悲心《じひしん》を以て常に病牀《びょうしょう》に侍《じ》し、毫《ごう》も自己の衣食《いしょく》の為を考えてはならぬ。第四には、湯薬《とうやく》の扱い方に熟練《じゅくれん》しなくてはならぬ。第五には、病人の為に能く病閑《びょうかん》を見て法を説かなくてはならぬ。この五つが看《かん》病人《びょうにん》の資格《しかく》である。

この看病人《かんびょうにん》の資格《しかく》は極めて大切でありまして、この資格《しかく》を以て看《かん》病《びょう》すると云うことは、八つの福田《ふくでん》〔福を植える田地〕の中で、第一の福田《ふくでん》であるとせられてある。世尊が度々病比丘を看護《かんご》なされたこともあり、自身で不浄《ふじょう》を洗ってお遣《や》りになったことがあるのであります。今は自分の父浄飯《じょうぼん》大王の重症《じゅうしょう》である、夜を日に継《つ》いで羅睺《らご》羅《ら》、難陀《なんだ》、阿難《あなん》などを督励《とくれい》して、御自身で看護《かんご》に従事《じゅうじ》せられたのであります。その間、病閑《びょうかん》を見て父王を慰《なぐさ》めながら、懇切に法を説かれました。それで父王も安らかに法味《ほうみ》を味われ、最後にはお側《そば》の者一同を枕辺《まくらべ》にお呼びになって「永の間《あいだ》一同の世話《せわ》になったが、今は永遠《えいえん》の暇乞《いとまご》いである、我が亡《な》き後も決して悲しみに沈《しず》んではならぬ、諸行無常《しょぎょうむじょう》は此世《このよ》の本然《ほんぜん》の状態《じょうたい》である」と却《かえ》って自ら法を説いて丁寧

父王の崩御年九十七

葬終

世尊の負柩

に臣下《しんか》を慰められたのであります、斯くて安《やす》らかに大往生を遂《と》げられました。大王崩御のことが発表《はっぴょう》せられた時は宮中《きゅうちゅう》も府中《ふちゅう》も皆倶《とも》に悲しみに沈んでいる、集り来る人々に対して仏も亦丁寧に法話をなされて、大王の最後を送るべき儀《ぎ》礼万端《れいばんたん》を整《ととの》わせられ、臣下の人々に助けられて納棺《のうかん》も終り、香積《こうじゃく》も整《ととの》えられた、香積《こうじゃく》とは香木を積んで火葬《かそう》の用意をするのでありますが、これが後《のち》の焼香《しょうこう》の嚆矢《はじまり》なのであります、その香積《こうじゃく》の壇場《だんじょう》も丁寧に荘厳《しょうごん》せられ、七日の供養《くよう》もなされて、愈々葬終《いよいよそうしゅう》の当日になりますと、世尊は自身で父王の棺《かん》を荷《にな》われ、最も肉縁の近い難陀《なんだ》、羅睺羅《らごら》、阿難《あなん》などと一緒に葬場殿《そうじょうでん》まで運ばれたと云うのであります、世尊は既に六十七歳であります上に、千二百五十人と云う多くの常随《じょうずい》の弟子もある、それにも拘《かかわ》らず、自ら父王の棺《かん》を荷《にな》われたと云うことは、我々隔世《かくせい》の弟子に取って驚くべき教訓《きょうくん》であります。恩愛《おんあい》を捨てて、恩愛に還《かえ》らるる、人間性《にんげんせい》の釈尊の心境《しんきょう》は誠に床《ゆか》しいものであったのであります。我々はここに尊き教訓を得なくてはならぬことであります。これは釈迦《しゃか》如来《にょらい》御自身が涅槃《ねはん》にお入りになる十三年ばかり前の事であります。父王が崩御《ほうぎょ》になって後は迦毘羅《かびら》城は次第に衰退《すいたい》に向い、遂に迦毘羅国の滅亡《めつぼう》と云うことになるのであります。

九十七年間も御在世《ざいせ》になった浄飯大王崩後《ほうご》の迦毘羅《かぴら》城は一時に火が消えたように淋しくなった。浄飯大王が崩御された後は、最も年長者である王子難陀が即位《そくい》すべきでありますが、前にお話しましたように出家して居る、意志が薄弱《はくじゃく》で到底《とうてい》天下を治めるに堪《た》えないと見られたので、その為に仏は出家せしめられたのであります。又、正系《せいけい》の世継《よつぎ》は王孫の羅睺羅《らごら》でありますが、羅睺羅も母の意志の弱いのが子に現れて、その訓育《くんいく》には手数が掛ったのでありますが、仏の心を籠《こ》めての指導《しどう》の功が顕われて、羅睺羅は遂に真の出家となったのであります。迦毘羅城が隣国《りんごく》の舎衛城から併呑さるる恐れがあるから、意志薄弱《はくじゃく》の者が王位に即いて居ってはならぬ、そう云う者が国王として君臨《くんりん》して居ると云うことが、迦毘羅城に取って危難《きなん》を増すことであると見透《みとお》されたので、王子や王孫を出家せしめられたのである。そうして迦毘羅城の一族中の武勇の大将である摩訶那摩《マハーナーマ》と云う者がある。この人が摂政《せっしょう》となって、治めることになった。この人が、摂政《せっしょう》となって治めて居る間は、迦毘羅城も先ず安心だと考えられたのでありましょう。そこで丁度釈尊《しゃくそん》の御心配になった迦毘羅《かぴら》城はつまり収《おさ》まるべき所に収まったのである。その摩訶那摩《マハーナーマ》が摂政となって居た為に、一時迦毘羅城は小康《しょうこう》を得て居ったのでありますが、迦毘羅城の運命《うんめい》は到底《とうてい》救うことが出来ないようになって居ったのである、それは隣国の舎衛城では波斯匿《はしのく》王の善政《ぜんせい》の為に一時北方の盟主《めいしゅ》と仰がれて、国の全盛の時代もあったのでありますが、その時代は皇后の末利《まり》夫人……これは勝鬘《しょうまん》夫人の母親であります……この末利《まり》夫人が賢明《けんめい》でありました為に波斯匿王はその内助《ないじょ》に依って国《こく》運《うん》を維持《いじ》されて居ったのであります。この間に生れたのが金剛女《こんごうじょ》と云って、後には勝鬘《しょうまん》夫人として知られたのでありますが、この勝鬘夫人は菩薩格《ぼさつかく》の女性で偉い人であって、阿踰闍《あゆじゃ》国の友称王の后である。後間もなく末利《まり》夫人は亡《な》くなり、その内助《ないじょ》を失った波斯匿《はしのく》王は臣下《しんか》の任免《にんめん》などが宜しきを得ない為に、遂に毘琉璃《びるり》太子の逆心《ぎゃくしん》を激《げき》成《せい》するようになって来たのであります。毘琉璃太子は非常《ひじょう》に野心家《やしんか》でありましたが、王位を奪おうと云うよりも、寧ろ隣国《りんごく》の迦毘羅城を奪って怨《うら》みを霽《は》らそうと云うのであった。この怨みと云うのは素《す》性《じょう》正しい釈迦族と成《な》り上りの王国として侮《あなど》って居た隣国との間に起った出来事である。或る日隣国舎衛城から王女を輿入《こしい》れせよとの要求《ようきゅう》があった、無論王女を遣《や》る意志はない、強い隣国のことであるから全く断るわけにもゆかない、摩訶那摩《マハーナーマ》王子と或る召仕の宮女との間に出来た女子があった、その女子を迦毘羅城の王女として嫁に遣《や》ったのであります。毘琉璃《びるり》太子はこの王女の腹《はら》であるから、教育を受ける時になると母方《ははかた》の迦毘羅城に送って、他の王子達と倶に学《がく》習《しゅう》せしむることとなった、他の王子は太子を「奴隷《どれい》の子よ」と呼んで公会《こうかい》の列座《れつざ》より引出した、太子は怨《うら》みを呑んで国に還り、何時《いつ》かこの怨みを霽《は》らさんと考えて居た、その怨みは少年時代《しょうねんじだい》のものではありますが、蛇《じゃ》は寸にして人を噛《か》む、その上に側の悪臣《あくしん》が常にこれを激成《げきせい》するものでありますから、到頭国と国との睨《にら》み合いとなってしまったのであります。仮令《たとい》、曲《きょく》は彼に在りとしても世尊の生国たる迦毘羅城を滅《ほろ》ぼすことは父波斯匿《はしのく》王は勿論反対《はんたい》でありましたから、どうしても先ず父波斯匿《はしのく》王から処理《しょり》して行かなければならぬと云う

舎衛城波斯匿王の訪仏

迦梨耶那大臣の隠謀

毘琉璃太子の叛逆即位

大王の客死年八十

迦毘羅城征伐

悪太子《あくたいし》の考えであったらしい。恰《あたか》も父王は迦毘羅城寄りのナガラカ邑に行幸《ぎょうこう》せられた、その序《ついで》に迦毘羅国のメーダルバ邑に滞在《たいざい》あらせられた世尊に逢《あ》いたいと云うので、迦梨耶那《カリヤーナ》大臣《だいじん》を伴《ともな》い、三里ばかりの道を急《いそ》いで世尊の許に訪れられた。対面《たいめん》の間、王は自分《じぶん》の王冠《おうかん》と佩刀《はいとう》とを脱《だつ》して大臣に預《あず》けた。腹黒《はらぐろ》の大臣は、太子と示し合《あわ》せてあったか、王冠《おうかん》と王剣とを持ち王の馬に乗り、舎衛城に還《かえ》り、太子の手に渡した、太子は自立《じりつ》して王となった。波斯匿《はしのく》王は大臣の叛逆《はんぎゃく》を知り憤怒《ふんど》せられたが、如何ともすることが出来ない。王は齢《よわい》八十で釈尊と同年《どうねん》でありました、兎に角、女婿友称王を訪《おとな》い、更《さら》に南下して王舎城に行き阿闍世王の御世話《おせわ》に成ろうと考えて独《ひと》り旅《たび》に向われたのでありますが、御気《き》の毒《どく》にも途中で崩御せられたのでありました。

一方、舎衛城は今や毘琉璃王の世となった、腹黒《はらぐろ》の迦梨耶那《カリヤーナ》大臣は勿論、参軍《さんぐん》、参政《さんせい》の佞臣《ねいしん》ばらは好機《こうき》逸《いっ》すべからずと王の戦意《せんい》をそそり、迦毘羅城に向っての攻撃《こうげき》を速進《そくしん》せんと努《つと》めるのであります。王も日頃《ひごろ》の妄念《もうねん》むらむらと胸《むね》に迫《せ》まり、一時も早くこの仇《あだ》を報《むく》いんと群臣《ぐんしん》の勧《すす》めに乗り、即時《そくじ》出征《しゅっせい》の準備《じゅんび》を命じた、自ら先頭に立ち二万の兵を率いて迦毗羅城に向った、城外に出でアヂラヴティの川にかかり、対岸《たいがん》一帯は早《はや》タライの森である、この森を貫く街道を真驀《まっしぐら》に進み行くと、大道の側に大きな枯木《かれき》がある、枯木の根に一人の行者が静坐して居る、毘琉璃王は馬上から遥かに見ると如何にも釈迦如来らしい、馬から降りて側により「あなたは世尊では御座いませんか、何故あってこの枯木の下にお坐りになって居ますか、葉山《はやま》、蕃山《しげやま》、葉蔭《はかげ》の多いタライの森に何を苦んで、この枯木の下をお選びになったのでありますか」仏は黙《だま》って聞《き》いて居られたが一層声《こえ》を強《つよ》めて

「大王よ、親族《しんぞく》の蔭《かげ》は涼《すず》しいものである」

と仰せられた、この意味《いみ》は、迦毗羅城は枯れたりと雖、自分の親族《しんぞく》である、繁《しげ》る他人よりも枯れた親類《しんるい》が恋《こい》しいとの意《い》であろう、王はこれを聞いて、これはいかない、迦毗羅国征伐《せいばつ》は仏意に契《かな》わないと思って軍勢《ぐんぜい》を引返《ひきか》した。国へ還ると大臣や軍参謀《ぐんさんぼう》は王の不甲斐《ふがい》なきことを説いて、この好機《こうき》を逸しては天与《てんよ》の福を捨つるものであると

口を揃えて激励《げきれい》する、王は再びその気になり、再び二万の兵を率いて征伐《せいばつ》に向った、城外に出でてアヂラヴティの川を渡り、タライの森にかかると枯木《かれき》の下が気《き》にかかる、遥かに見すかすと同じ処に世尊はまた静坐《せいざ》されて居る、馬を下りて仏前に進み「世尊はまだこの地にお止《とど》まりでありますか」

「大王よ、親族《しんぞく》の蔭《かげ》は涼《すず》しいものである」

これはいかない、再び軍兵を率いて帰国した。後も同じく臣下は王の怨みを報ずる勇気《ゆうき》の足らないことを誹《そし》り、熱心に再挙《さいきょ》を勧めて止まない、仏は世を捨てられたる身であるから決していつまでも干渉《かんしょう》はなされない、今度はたとい仏が枯木の下に静坐《せいざ》して居られようとも、遠慮《えんりょ》なく軍勢《ぐんぜい》を進めて進撃《しんげき》する覚悟《かくご》を要《よう》すると日夜《にちや》に進言《しんげん》する、王も遂に大決意《だいけつい》を以て二万の軍兵を率いて、同じ道を進むと又枯木の下が気にかかる、幸に此度は世尊はそこに居られない、得《え》たり賢《かしこ》しと進軍《しんぐん》し一挙迦毗羅城に攻入った、城中の壮士《そうし》は弓矢《ゆみや》に長けたものが多い、摂政《せっしょうマ》摩訶那摩《ハーナーマ》の命《めい》を奉じて能く戦った、何せよ敵軍《てきぐん》は日日に補充《ほじゅう》されるが、城内は日日戦死《せんし》するのみである、敵の虐殺《ぎゃくさつ》

摂政摩訶那摩の潜水

城内婦女子の逃亡

迦毘羅城の滅亡

もますます甚しくなった。愈々最後と信じた摂政《せっしょう》は白旗を掲げて毘《び》琉璃《るり》王の陣所《じんしょ》に向った。「祖国存亡《そこくそんぼう》の秋《とき》に方って釈氏の壮丁《そうてい》は必死《ひっし》に戦いました、今は刀折《とうお》れ、矢尽《やつ》きてもはや一族の最後であります、ここに一つの願があります、城内には多くの婦人子供が居ります、如何にも憐れでありますから少しでも助けてやりたいと思います、今私がこのアヂラヴティの川に入り水中に潜《くぐ》りますから、沈んで後浮ぶまでの時間をお与え下さらばその間に婦女子を兵火《へいか》の街から逃れしめたい」と涙を払って申請《しんせい》した、王から「それは宜しい」と許しが出た、摂政はその命《めい》を城内に伝えて、自身は水中に身を没《ぼっ》した、いつまで立っても出て来ない、水中を探らしめたところ、摩訶那摩《マハーナーマ》は自分の髪を石に結び付け、帯《おび》を解《と》いて足を石に縛《ばく》して溺死《できし》して居ったのである、これを名残りとして名高き釈氏の居城は釈尊存生《ぞんじょう》の内に舎衛国に併呑《へいどん》されたのである。仏も最後まで郷国《きょうこく》をかばって居られたが、逆心到底《ぎゃくしんとうてい》飜《ひるが》えすべからざるを知られて、運命《うんめい》に任《まか》せられたのでありましょう。

勝《か》ち誇《ほこ》った毘琉璃王は、兄祇陀《ぎだ》王子を殺し、諫臣《かんしん》を退け、城内外の警戒《けいかい》おさおさ怠りなかりしも、僅に七日を過ぎて大火の為に宮城は焼け落ち、王は王妃と倶に焚死《ふんし》したのであります。その後間もなく、王舎城の阿闍世王の為に併呑《へいどん》せられ、舎衛城も迦毗羅城も共に摩迦陀王国の版図《はんと》に帰《き》したのであります。

解説

八福田 八福田とは(一)仏、(二)聖人、(三)和尚〔親教師〕、(四)阿闍梨〔軌範師〕、(五)僧〔教団〕、(六)父、(七)母、(八)病人を指す、その他異説《いせつ》多し、以上の中(一)仏、(二)聖人、(五)僧を敬田《きようでん》と云い、(三)和尚、(四)阿闍梨、(六)父、(七)母を恩田《おんでん》と云い、(八)病人を悲田《ひでん》と云う。而して悲田に施すを最大福田とし、これを豊田《ぶでん》と云うのであります。

仏最後の北上

十二　仏の入涅槃《にゅうねはん》

釈迦如来の生涯は五十一年の永の化導《けどう》でありました。今や化縁《けえん》は尽きて涅槃に入らんとせられた時代であります。その故郷《こきょう》である迦毗羅城は既に滅亡し、その征服《せいふく》者であった舎衛城も自滅《じめつ》に瀕《ひん》して居る、そうして南の方王舎城では、曾て悲劇《ひげき》の主人公であった阿闍世《あじゃせ》王が即位《そくい》して既に八年になって居るのであります、こういうような色々な事変《じへん》があったのであるから、仏の生涯《しょうがい》は随分凶事《ずいぶんきょうじ》に満ちて居ったと言って宜しいので、決して平和《へいわ》の世界《せかい》ではなかったのであります。

世尊は今御齢《とし》は八十であります。その八十の冬十一月の半ば頃、再び足を北方に向けられ、王舎城を出発せられた。型《かた》の如く恒河《ごうが》を渡り、右畔《みぎかわ》の仏蹟《ぶつせき》地方を辿《たど》って、布教《ふきょう》しながら北に進まれたのであります。恒河を渡られ、ガンダキー川を少し上ると最初の市街《まち》が吠《ばい》舎離《しゃり》城である、その城外の小高い処から吠舎離《ばいしゃり》の都城《とじょう》を眺《なが》められて、阿難に向って「阿難よ、これが吠舎離の最後の眺《なが》めであるぞ」と仰せになった。阿難は何のことやら分らないので黙って居った。すると再び「阿難よ、却後《きゃくご》三月、如来《にょらい》は方《まさ》に涅槃《ねはん》に入るぞ」と仰せられた、これから三カ月後には如来は涅槃に入るぞとの宣言《せんげん》であった。それにも拘らず、阿難は一語も発しない、実は阿難は今魔王に魅《み》せられて居ったのであります。その時に魔王は、この好機《こうき》逸すべからずと見たものか、仏前に現われて「世尊は今、却後《きゃくご》三月涅槃《ねはん》に入るぞと仰せになりましたが、あれは真実《しんじつ》でございますか」と尋《たず》ねたのであります。これは実は阿難に対する慈悲《じひ》から起ったお言葉《ことば》で、阿難がまだ悟りを開いて居ないから、どうか在世の中に悟りを開かせようと、阿難を励《はげ》ます為に仰せになったのであります。然るに本人は茫然《ぼうぜん》として居る内に、魔王からして、それは真実でありますかと尋ねられたので、あれは嘘《うそ》であると言えない。そこで仏は「仏語に虚妄《こもう》なし、真実である」と仰せられた。つまり魔王の望みが叶《かの》うたわけである、そこで魔王は喜んで満足《まんぞく》して去ったのであります。

波婆城淳陀の供養

野猪の珍味

阿難は遽《にわか》に気が付いてこれは大変であると思い、仏に向って「私はまだ悟りを開いて居りませぬ。せめて私が悟りを開くまで御在世《ざいせ》を願いたい」と申上げた。ところが仏は「それはもう遅い。魔王に証言《しょうげん》を取られたではないか、証言を取られた以上はその言を改めるわけには行かない。如来は此世《このよ》に止まらんと欲すれば、一年でも二年でも幾年でも止まり得たのであった、もう仕方《しかた》がない。慥《たしか》に三カ月後には涅槃《ねはん》する。併し心配するには及ばない。滅後早くも悟りを開き得るであろう」と慰められたのであります。

それから更に北の方に向って説教《せっきょう》しながら進まれたのであります。二カ月後、即ちその翌年《よくねん》の正月になりましては北方の波婆《パーバ》城と云う処までお著きになった。祇園精舎《ぎおんしょうじゃ》までには既に半分の道程《みち》を進んで居られた。此処で淳陀《じゅんだ》と云う銀細工師が居った、仏が城内に御来遊になって自分のマンゴーの林に滞在《たいざい》して居らるることを聞き、お招きをしたいと申出でた。そうして世尊の一行の為に特別《とくべつ》の御馳走《ごちそう》をして供養《くよう》を申上げた。その時に差上げたものは「野猪《やちょ》の珍味《ちんみ》」であった、野猪の珍味と云うのでありますから猪《いのしし》の肉《にく》を差上げたように

世尊の現病

倶尸那迦羅城への逆行

伝《つた》えて居る者もあるのでありますが、実は野猪の珍味《ちんみ》と云うのは、野猪《やちょ》が好《この》んで食《た》べるものと云うことなのであります。それで「野猪の珍味」とは、猪が好んで食べる「梅檀樹《せんだんじゅ》の茸《たけ》」即ち梅檀《せんだん》の木に生《は》える菌類《たけるい》であります。経に梅檀《せんだん》の耳《みみ》としたのがあるが、そのことらしいのであります。これは相当《そうとう》に不消化《ふしょうか》のものであるらしい、世尊がそれを享《う》けて、仰せられるには「これは如来の胃《い》のみが消化《しょうか》し得るものであるから他の比丘達には与えてはならぬ」と仰せられたのであります。併しそれをお食《あが》りになった世尊御自身も遂にこの珍味《ちんみ》の為に病を現《げん》ぜられた。今は涅槃も近づいたのであるから、阿難の勧《すす》めに依り、後へ引返《ひきかえ》して倶尸那迦羅《くしながら》城に向われたのであります。倶尸那迦羅《くしながら》の城外《じょうがい》に迦屈嵯《カクタ》川と云う小さい河がある。その堤上《ていじょう》にかかられた時、阿難に命《めい》じて、衣を四つに畳《たた》んでこれを敷《し》いて、その上に静かにお休《やす》みになった。阿難に「水を汲《く》んで来い」と仰せになった。偶々五百の馬車《ばしゃ》が河を渡り水が濁って飲まれませぬと申上げた、世尊は三度水を汲んで来いと仰せになった。三度目に阿難が河に行って見ると、水が清らかで飲用《いんよう》に適《てき》するようになって居た。そ

29　仏入涅槃（犍陀羅彫刻）

世尊は眼を開き最後の遺教を為さるるならん。阿難が手を引きつつあるは騾に見参を願いたる老比丘善賢なるべし。三足の杖は水瓶を懸く

我が所説の法戒以て汝が師と為せよ。汝等比丘　若し輾転して之を行せば　是れ法身常に住するなり

30　仏入涅槃（野生司香雪筆）

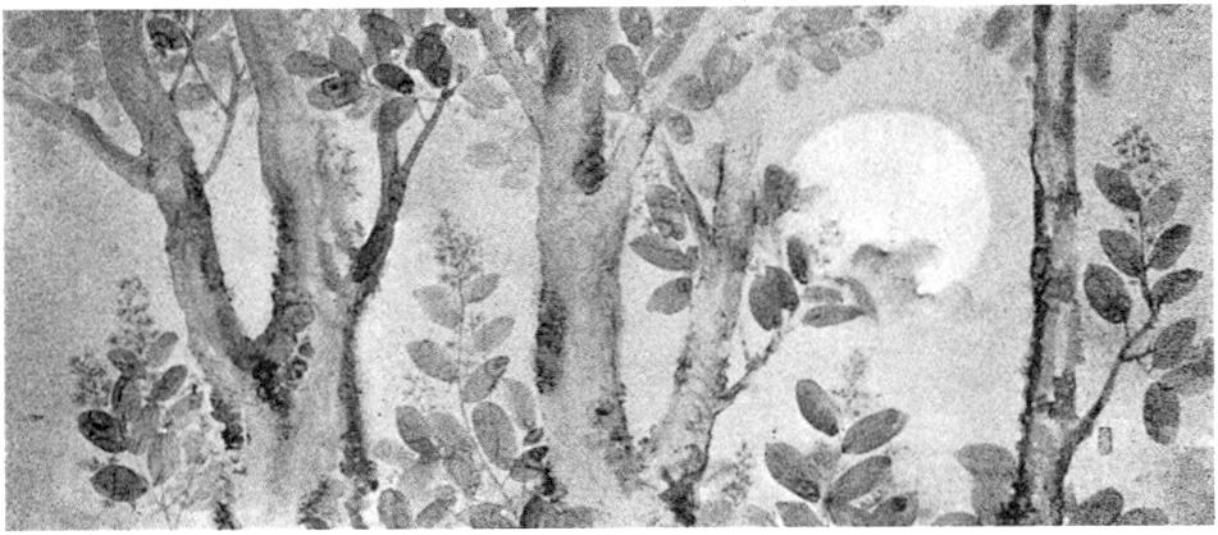

31　沙羅林の鶴変（桐谷洗鱗筆）

32　涅槃の仏（バルハット彫刻）

（右）説法の仏（法輪座）
（中）涅槃の仏（舎利塔）
（左）成道の仏（菩提樹）

33　無仏像時代の仏伝（サンチ石柱彫刻）

涅槃の仏（舎利塔）
説法の仏（法　輪）
成道の仏（菩提樹）

沙羅双樹下の安臥

善賢比丘の得度

遺教

こでその水を酌《く》んでこれを世尊に差上げた。これが今も言う末期《まつご》の水の起原《きげん》であります。

世尊は阿難を励《はげ》ましてその次の熙連跋提《ヒラヌヤヴティ》と云う河をお渡りになって、倶尸那迦羅《くしながら》城の沙羅《サーラ》と云う樹の林に入られて、二本並び立って居る所謂沙羅双樹《さらそうじゅ》の間に自分の寝床《ねどこ》を作《つく》らしめて、頭《あたま》を北に、面《かお》を西に、右の脇《わき》を下にして、足と足とを重《かさ》ねて恰《あだ》かも獅子《しし》が寝《ね》て居る如くに安臥《あんが》せられたのであります。そこに善賢《ぜんけん》と云う老人がやって来て「再び仏の出世《しゅつせ》に会《あ》うことは出来ない。どうか御在世の中に得《とく》度《ど》を得て仏弟子《ぶつでし》の仲間《なかま》入りをさせて戴《いただ》きたい」と願った。阿難は臨《りん》終《じゅう》近き仏に対し、その願いは無理《むり》であると言って、止めるのをお聞きになって「宜《よ》いから此処《ここ》に呼べ」と仰せになった。そこで善賢《ぜんけん》を呼んで最後《さいご》の得度《とくど》をお許《ゆるし》になった。同時に集り来った弟子達に対して丁寧《ていねい》に教誨《きょうかい》をなされたのであります。「我が滅後に於て師の教《おしえ》なきを悲んではならぬ、我が説き置きし法戒は以て汝等の師とせよ、汝等若《も》し輾転《てんてん》してこれを行ぜば、法身常に世に住すと謂うべきである」と遺教《ゆいきょう》したまい、その全部を終られし時、世尊は一層力《ちから》を籠《こ》めて「我今汝等に告ぐ、諸行は実に無常《むじょう》なり、努力《どりよく》して大成《たいせい》せよ」と仰せられた、これが世尊から此世で聞き得た最後の御声《みこえ》であったのでありました。この経は言うまでもなく大涅槃《ねはん》経と云うのでありますが、その内容は殆《ほとん》ど世尊最初の法たる転法輪《てんぽうりん》経で説かれたのを繰《くり》返《かえ》して教えられたように感ぜらるる大切の説法でありました。

今のあたり世尊の涅槃を見て人天共に号泣《ごうきゅう》し、遺弟《ゆいてい》は皆居措《きょそ》を失って如何ともすることが出来なかった。その時のことを書いたものに、太陽は地に墜ち、雪山は逆《さかさ》まになったような感があったと云い、中央亜細亜《ちゅうおうあじあ》で発掘《はっくつ》した絵の中にはこれが冷々《れいれい》と画き出されたのがある。沙羅双樹《さらそうじゅ》の花も、時ならざるに白く咲《さ》き充《み》ちて悲しみを表したと云うことであります。

倶尸那迦羅《くしながら》城の末羅《マーラ》族の青年団は、世尊の遺骸《いがい》を城内に引取り、城内の霊廟天冠寺《れいびようてんかんじ》に運《はこ》んだ、ここに香木を供《そな》えて香積《こうじゃく》を造り、その上に霊柩《れいきゅう》を安置《あんち》して供養するのであります。香木を積む習慣《しゅうかん》は火葬《かそう》の用意《ようい》でありますが、これが今時の焼香《しょうこう》の起《おこ》原であります。青年団員は霊柩《れいきゅう》を城内に運入れるのに、東北の裏門《うらもん》から入って来た、それ

七日大迦葉の参着

は今の鬼門《きもん》である、そうして棺の前に立てる尸花《しか》は沙羅双樹《さらそうじゅ》の白き花に擬《ぎ》したのであります。

　数日を経て香積《こうじゃく》に火を点《つ》けて荼毗《だび》の式を行わんとしたのでありますが、どうしても火が点《つ》かない。そこで阿那律《あなりつ》が天眼通《てんげんつう》を以て見たところに依ると、これは仏が大迦葉の来るのを待って居らるると云うのである。一方大迦葉は弟子五十人を連れて、仏が発病《はつびょう》なされた波婆《パーバ》城に来たのであります。途中で曼陀羅華《まんだらけ》と云う華《はな》を手に持って居る比丘に出会《であ》った。「御身《み》は自分の師匠の釈迦如来を知って居るか」と問うた。「よく識《し》って居る。釈迦如来はお隠《かく》れになって今日は七日目である。この曼陀羅華は、その葬場《そうじょう》から貰《もら》って来たのである」と言った。

　これを聞いて、大迦葉は一目散《いちもくさん》に走せて倶尸那迦羅《くしながら》城の天冠寺に向った。一同は待兼ねて居る。そこへ大迦葉が馳付《はせつ》けた。すると自然に棺が開いて仏が足をお出しになった。印度では弟子は必ず師匠の足を戴《いただ》くと云う習慣《しゅうかん》なのであります。大迦葉が如来の御足を戴くと、誰も火を点《つ》けないのに自然に火が燃えて遂に霊柩が焼尽きたの

荼毘送終

舎利八分

であります。これが七日目であったので、それで七日、七日に法事をすることに今日なって居るのであります。世尊の涅槃は齢八十一の二月十五日であったのであります。荼毘《だび》を終り、葬式《そうしき》も済んだ。世尊在世の五十一年の活躍《かつやく》もこれで終りを告げたのであります。

それで仏に縁故《えんこ》のあった王族は、諸処方々から集まって来た。第一に摩迦陀《まがだ》国の王舎城の阿闍世《あじゃせ》王が来た。次いで吠舎離《ばいしゃり》国の梨荼毘《リチャビ》族もやって来た、迦毘羅《かびら》城は滅びて居るけれども、釈迦族の遺民《いみん》は仏陀の血族《けつぞく》として参会《さんかい》した、阿羅《アラ》割波《カッパ》国の浮利《ブリヤ》族と云うのも来た。羅摩《ラーマガーマ》城の拘利《コーリヤ》族、毘哆《ピーク》提波《ディーパ》国の婆羅門《ばらもん》、波婆《パーバ》城の末羅《マッラ》族、倶尸那《くしな》迦羅《がら》城の末羅《マッラ》族と云うようなものも皆出て来た。そうして仏骨《ぶっこつ》、即ち舎利《しゃり》〔シャリーラ〕を請求した。或は大戦争にもなろうと云う勢《いきお》いであった。そこで香姓婆羅門《こうしょうばらもん》は舎利を公平に八つに分けて一同に満足《まんぞく》を与えた。そこで八国の人々は、各その国に帰って塔廟《とうびょう》を立てて丁寧に供養した。香姓婆羅門は仏骨の入れてあった瓶《かめ》を貰《もら》って造《ぞう》塔《とう》供養した。そうして無事に分骨《ぶんこつ》が終ったと思うと、今度は畢波利《ピッパリ》婆那《ブナ》国の孔雀《モーリヤ》族と云うのが出て来た。これは阿育《アソーカ》王の祖先でありますが、是非とも仏骨《ぶっこつ》を戴きたいと申し入れた。もう仏骨はありませぬから、その荼毘《だび》の灰燼《かいじん》の残りを与えた。これを持ち帰って供養した。そこで大聖世尊《だいしょうせそん》の入滅《にゅうめつ》を記念《きねん》すべき舎利塔廟《とうびょう》が、当時印度に十基《き》あったと云うことであります。釈迦族が迦毘羅国の東南端と思わるる今のピプラワコートと云う処に塔を建てた、その塔を印度政府で発掘《はっくつ》した、金の壺に入れた仏骨が発見《はっけん》された、その金の壺は博物館に収めてありますが、仏骨は要《い》らないので、唯一の仏教王として暹羅国王に与えたのであります、その一部分を日本が受けて、今名古屋の覚王《かくおう》山日暹寺《にっせんじ》の後の廟に納めてあるのである、その壺は外側《そとがわ》に阿育王《アソーカ》時代の文字で彫り付けた銘文《めいぶん》があって釈尊の骨であることが書き付けられているのであります。

文庫版解説　高楠順次郎の生涯および本書の企図

石上和敬

本書の著者、高楠順次郎（一八六六―一九四五）は文化勲章を受章した国際的仏教学者であり、特に、日本に西洋由来の近代仏教学が根付く礎石を築いた人物として評価されている。ただ、今日の高楠の知名度は往時のそれに比して高いとは言えない。したがって、本書の解説に入る前に、高楠の生涯を簡単に辿り、また、その主要業績についても一瞥しておきたい。

高楠は一八六六（慶應二）年、広島県御調郡八幡村（現在は三原市）に沢井家の長男として生を受けた。幼少のころより漢籍に親しみ、一五歳で地元の小学校教師となる。また、同志とともに、国学、仏学などにも研鑽を積み、特に政治を談ずることを得意とした。

一八八五（明治一八）年、二〇歳のとき、西本願寺が新たに創設する高等教育機関・普通教校（龍谷大学の前身）に入学するため、京都へ出る。普通教校では、英語をはじめ各分野で優れた成績を修めたが、学問に秀でるのみならず、学生や若手教員と相謀って、反省会という禁酒を核とする生活態度改善のための青年運動をはじめた。また、反省会の機関誌として『反省会雑誌』を創刊し、健筆を奮ったが、この雑誌は後に『中央公論』と改名され今日にいたっている。このころ高楠は神戸の裕福な家庭の一人娘、高楠霜子と結婚し、高楠家の人となっている。

一八九〇（明治二三）年、二五歳にして、英国オックスフォード大学へ留学する機会に恵まれる。オックスフォードでは、真宗大谷派の僧で、同大学への留学経験のある南条文雄からの紹介もあり、インド学、比較宗教学の権威マックス・ミュラーのもとで学ぶことになった。植民地から次々と新たな知見が齎される当時の欧州では、インド学や東洋学は華やかな時代を迎えていた。オックスフォードでサンスクリット語（梵語）や西洋古典語などの言語、また、宗教哲学なども修め、学士の学位を得ると、大陸にわたり、ドイツのキール大学、ライプチヒ大学、そしてベルリン大学でインド学の名だたる学匠たちの講筵に列した。なお、ライプチヒ大学からは『南海寄帰内法伝』の研究で博士の学位を授与されている。その後、フランスなどの東洋学者をも訪ね、オックスフォードに戻り、修士の学位を得たのち、一八九七（明治三〇）年一月に帰国した。高楠はこの七年に及ぶ欧州留学の間、欧州の東洋学者たちと幅広く交流を深めたが、この留学時代の人脈が高楠の生涯にわたっての貴重な財産になっていく。

帰国の年に、高楠は東京帝国大学で講師として梵語を講ずる機会を与えられた。その翌年には、逓信大臣末松謙澄の秘書官に就任する。末松は前述の南条と英国留学時代からの知己であり、高楠の秘書官就任は南条の推薦による。因みに末松は伊藤博文の娘婿であるから、高楠もその人的ネットワークの一部に入ったと見ることも可能であり、数か月間ではあったがこの秘書官就任は高楠の生涯において重要な意味を持つ。

一八九九(明治三二)年、三四歳で東京帝国大学文科大学教授となり、六二歳での退官まで高楠は東京帝大教授として活躍した。東京帝大では梵語学(梵文学)講座を長く担当したが、学内外でのインド学・仏教学の発展への貢献こそが、高楠の学者人生の根幹を成す。とりわけ、留学時代の学的成果や育んだ国際性を基に、日本のアカデミズムに欧米流の文献学に基づく近代仏教学を導入・定着させた功績は、その後の東京帝大を中心とする日本の仏教学の方向性を決定づけたという意味でも極めて重要である。ただ、高楠は西洋の研究手法を日本に移入したばかりではなく、仏教研究における漢文資料の重要性や、日本古来の仏教学の良質な伝統を西洋の学者たちにアピールするという貢献も一方では成したことも忘れてはならない。

次に、高楠の学外における多彩な活動にも触れておきたい。たとえば、三五歳にして東京外国語学校校長（東京外国語大学の前身）に就任し、インド語系の複数の学科を創設している。また、三七歳の時には仲間たちとともに日本橋に中央商業学校（中央学院大学の前身）を興し、校主として草創期を支えている。商業学校創立の背景には、英国留学時代に接した英国商人の高い倫理性を我が国にも根付かせようとの思いが根底にあったとされる。次に五九歳の時、西本願寺の援助のもと、武蔵野女子学院（武蔵野大学の前身）を創設し、院長に就任した。仏教精神に基づく女子教育を掲げた同校は、我が子を次々に喪った高楠の心の拠り所でもあり、格別の思い入れを持って発展に尽力した。東京帝大退官の年には、仏教主義に基づく大宮成釣女学校（埼玉県立大宮高等学校の前身）の創設にかかわり初代校長に就任、六六歳の時には東洋大学の学長に招かれた。また、七八歳の時には千代田女子専門学校（武蔵野大学の前身）の校長にも就任している。

また、高楠は、七年間の欧州留学以後にも、都合五回、海外へわたっている。すなわち、ハノイでの万国東洋学会出席（一九〇二）、前述の末松謙澄の随員としての欧州出張（一九〇四—〇六）、アテネでの万国東洋学会出席、帰路にはインド・ネパールを探訪（一九一二—一三）、パリでの万国学士院連合会創立会議出席（一九一九—二〇）、そして七三歳のときにはハワイ大学からの招聘で一年間ハワイで講義を行っている（一九三八―三九）。高楠と各国との関係を俯瞰するならば、留学先のイギリスとの結びつきは無論のこと、ドイツとの交流も深く、日独文化協会の初代理事長に就任している。また、フランス語による仏教辞典『法寶義林』創刊の中心人物ともなり、日仏交流にも一定の足跡を遺している。欧米との関係以外にも、高楠は日印協会の役職に就き、詩聖タゴール来日の際に枢要な役割を果たしているほか、清国からの留学生のための教育機関、日華学堂の設立にもかかわる（総監を務めた）など、交流の幅広さは同時代・同分野の他者の追随を許さない。この高楠の持つ国際性もその生涯を特徴づける重要な一面であった。

最後に、高楠の学者としての業績にも触れておかなければならない。「年次別著書論文目録」（『高楠順次郎全集』第十巻所収）を見れば、その著作の多さに圧倒されるが、特に高楠の真骨頂は、複数の大規模な編纂事業の責任者を務めたことであろう。なかでも最大の事業は「大正新脩大蔵経」の刊行（一九二四―）である。これは全百巻に及ぶ漢文仏典の大叢書というべきもので、仏典ごとに、当時利用できる版本、写本などを可能な限り収集・比較参照しながら校訂されたテキストの集成であり、現在でも世界中の多くの研究者に信頼される底本となっている。近年、その文字資料部分の全体がウェブサイト上に公開され、その重要性は益々高まっている。この他、インドのバラモン教の聖典ウパニシャッドの和訳である「ウパニシャット全書」（全九巻）、また、南方上座部のパーリ語聖典の和訳である「南伝大蔵経」（全六五巻）の編纂においても責任者を務めた。これらの大規模な編纂事業を完遂できたのは、高楠の類まれなバイタリティと不屈の意志、同志後輩を導く指導力、そしてそれらの基盤となる広く深い学識によるものであろう。なお、これらの大事業の着想は、いずれも西洋の研究者たちからの助言等が一定の役割を果たしていたことも、高楠の国際性を象徴するものである。

次に、本書『釈尊の生涯』についての解説に移る。釈尊の生涯を記した文献を一般に「仏陀の伝記」の謂いで「仏伝」と呼んでいる。仏伝が歴史的事実を反映しているかどうかについては多くの議論があるが、釈尊の生涯を伝記風に記した仏伝文献が、インド語、チベット訳、漢訳などでそれぞれ複数、現存する。また、釈尊の生涯の大半をカバーするものではないが、釈尊の生涯の一部分のみに言及する記述が様々な仏教文献に散在しており、それらの部分的な記述も仏伝を考える際に考慮しなくてはならない。さらに言えば、そのような断片的な記述のほうが、トータルな仏伝よりも成立史的には古い伝承を保持していると考えられていることも重要である。いずれにしても、ここで確認しておきたいことは、「仏陀の伝記」として絶対的な権威を承認されてきた文献が何か一つ、二つ、確定しているわけではなく、上述のような実に様々な文献に含まれる仏伝的内容を勘案・総合して、近現代の釈尊のイメージは形作られてきたということであり、この点は本解説の前提となる。

さて、高楠順次郎著『釈尊の生涯』（以下、本書）であるが、本書は「序」にある通り、おそらくラジオ放送の原稿に加筆したものであり、わかりやすい語り口で釈尊の生涯を一般向けに語ったものである。以下に、いくつかの観点から、本書の特徴を挙げてみたい。

本書の特徴の一つは、これも「序」にある通り、人間釈尊の姿を描き出すことに注力していることであり、仏伝文献にしばしば見られる、神々の登場や神通力のような超人的能力の描写を極力そぎ落としていることである。今日では、古い仏典に見られるそのような神話的要素を取り除くことで人間釈尊の姿が浮かび上がる、という見方はむしろ批判的に見られることもあるが、釈尊自体の歴史的実在性にすら疑問の目が投げかけられていた当時の状況を考慮すれば、このような描写の方向性には一定の配慮がなされるべきものと思われる。高楠は、人間釈尊を描き出す上で、さとりをひらいた仏陀を、「完全位の人格」、「大人格」などと表現し、あくまでも人間でありながら、智慧や慈悲などの崇高な徳を体現した偉大なる人格者である、という側面を強調しており、このことと、仏伝からの神話的要素の排除とは深く関連することは明らかである。さらに高楠は、仏教自体をも「人格完成としての仏教」と位置付けるなど、本書の論述において「人格」をキーワードの一つに据える傾向が顕著である（なお、当該期における「人格」を取り巻く状況については、碧海寿広「人格の仏教」（『佛教史學研究』第五十四巻第二号を是非、参照されたい）。

これらの点について、本書の記述を少し確認してみたい。本書では重要語句などにはその都度、語注的な「解説」を付しているが、その「解説」の内容に本書の編集方針の一斑を窺うことができると思われる。

まず、釈尊の出家のきっかけともなる重要なエピソード「四門出遊」が、本書では定型通りに述べられていない点について、高楠は「四門出遊と云ふ話は大抵の仏伝にあるのでありますが、その余りに形式的であり、且この話が錠光の伝にもありますから、今はこれを仏伝の中に入れないことにしたのであります」と述べており、高楠自身の判断で多くの仏伝に出る重要エピソードを省略したことが明らかにされている。また、この逸話を省略した理由について、話の構成があまりに形式を重視し過ぎていることから、歴史的事実とは遠いと判断したからではないかと思われる。次に、成道後、説法を躊躇する釈尊にインドの代表的神格たる梵天が説法を勧める「梵天勧請」のエピソードも本書では省かれているが、これについて高楠は「これは魔神が出たから善神も出なくてはならぬこととなるのであるが、本伝には色々の理由からこんなことは除いたのである。一つには、魔王で相当に疑問のある上に梵天と云う新しい神を加えて疑問の上に疑問を添えることを面白からず考えたのである」とする。少し補足すれば、これは、成道前の降魔のエピソードで魔王が登場することにすでに神話的装いが満ちているのに、さらに、梵天という神格まで登場させては、神話的傾向がさらに助長されることを恐れたためと考えられる。

次に、釈尊が誕生時に発したことば（誕生偈）として有名な「天上天下唯我独尊」について次のように解説する。「成道以後の仏が宣言さるべきことを、生れたばかりの太子の口を借りて言明したものと見ても宜しい、又太子が実際に四方に七歩進まれて、この宣言を為されたものと見ても宜しいのである。この解釈は聞く人の自由に任せて宜しいのである」と述べる。誕生偈については、歴史的事実と捉えるには難しい解釈が要請されるとは言え、すでに人口に膾炙している有名なことばでもあることから省略することも憚られ、このような曖昧な表現をとったものと推測される。

上記の高楠による解説文などから窺える本書の方針は、歴史的事実と見なし得るエピソードを中心に伝記を構成しようとする意図が随所に看取されることである。梵天勧請と四門出遊のエピソードを省くのは、理由は異なるが、いずれも現実的ではないと見なされるエピソードを省略したという点では共通している。また、誕生偈については、歯切れの悪い説明ではあるが、あまりに有名なエピソードの故に省略はできないが、コメント無しに、歴史的事実として紹介するには躊躇を覚えたということではないだろうか。

本書の特徴の二つ目は、一般読者への教化という側面を重視している、という点であろう。このことは、たとえば、重要エピソードごとに、インドの仏教彫刻の写真や、当時の仏教画家たちの挿画をふんだんに掲載し、読者の理解の一助に供しようとしている点にまずは窺える。人間釈尊のイメージの形成にも、これらの写真や挿画が資することまで企図したものかもしれない。また、第十章として、通常の仏伝には見られない「大聖教化の特性」という章を設け、釈尊の教説の要諦などを列挙していることも、そのような配慮からであると思われる。なかでも、在家信者への教説にかなりの紙数を割いていることは注目される。高楠自身、僧籍にある者ではなく、一在家信者として仏教に向き合ったこととも関係するのかもしれない。いずれにしても、本書では、学術的な厳密さに忠実であろうとするよりも、一般の読者の受け入れやすい内容を常に意識し、時に大胆に仏伝をアレンジすることも厭わない、という態度が見られる如くである。

最後に、文献学的関心から、本書の内容が、実際にどのような仏伝文献を典拠としてまとめられたものかについて、簡単に触れてみたい。結論から言えば、本書は特定の仏伝文献に基づいて執筆されたものではないようである。ここでは、次の一例を指摘するにとどめる。

出家後の釈尊について「釈迦如来は、雪山に五年、苦行林に六年の修行を終えられて」と述べているのは、仏伝文献には馴染みのない表現である。この問題を考える際に、まず確認すべきは、釈尊の出家と成道の年齢である。高楠の時代においても、また、現在でも、パーリ仏典などに依拠して二九歳出家、三五歳成道、という説をとるものが多いが、本書では、いくつかの漢訳仏伝文献に拠るものであろうが、一九歳出家(たとえば、『修行本起経』、『太子瑞応本起経』、『過去現在因果経』などに一致)、三〇歳成道という説を取っている(本書には三〇歳で成道とは明記されていないが、成道後のブッダとしての活動期間を五〇年、乃至五一年(入滅を八一歳とする場合)とするので、三〇歳成道説と判断できる)。

これについて高楠は、他誌に掲載した「出家の年時と成道の年時」（『現代仏教』九十九号、一九三二）という論文で詳述しているが、同論文によれば、「雪山在留の間も相当の期間がなくては、悟りを開くためには南下か不南かと云うような相談は起こらないであろう。（中略）。さすれば少なくとも四五年の期間は入山学道に過ごされたと見なくてはならぬ」などとして、特定の仏伝文献に拠ることなく、高楠自身の解釈から「雪山に五年」という結論が導き出されているのである。

以上、この小文をまとめるならば、高楠は、現代的観点からの文献学的厳密さにこだわるよりも、神々の登場や超人的能力の描写などを極力省いて、人格完成者としての人間釈尊の像をイメージしやすいような、敢えて言い換えれば、歴史的実在と受け取られやすいエピソードなどを中心に本書を構成したと考えられる。そして、そのことは、読者として、専門的な僧侶や仏教研究者ではなく、一般読者を常に念頭に置いていたこととも深く関係するものと思われる。

本書を通読することで、高楠の描こうとした人間釈尊の姿がリアルに浮かび上がるならば、高楠の企ては大いに成功したと言わなければならない。

（武蔵野大学教授・仏教学）

参考文献

鷹谷俊之『高楠順次郎先生伝』(武蔵野女子学院、一九五七)
武蔵野女子大学仏教文化研究所編『雪頂・高楠順次郎の研究——その生涯と事蹟』(大東出版社、一九七九)

本書は、一九三六年六月、大雄閣より刊行された。

文庫化にあたり、新字、新かなに改め、表記に関して は原本を尊重したが、明らかな誤り、不統一等は 適宜修正を施した。

インドの思想　川崎信定

多民族、多言語、多文化。これらを併存させるインドという国を作ってきた考え方とは。ヒンドゥー教や仏教等、主要な思想を案内する恰好の入門書。

旧約聖書の誕生　加藤隆

旧約聖書は多様な見解を持つ文書を寄せ集めて作られた書物である。各文書が成立した歴史的事情から旧約を読み解く。現代日本人のための入門書。

神道　トーマス・カスーリス　衣笠正晃訳　守屋友江監訳

日本人の精神構造に大きな影響を与え、国の運命をも変えてしまった「カミ」の複雑な歴史を、米比較宗教学界の権威が鮮やかに描き出す。

ミトラの密儀　フランツ・キュモン　小川英雄訳

東方からローマ帝国に伝えられ、キリスト教と覇を競った謎の古代密儀宗教。その全貌を初めて明らかにした、第一人者による古典的名著。（前田耕作）

空海コレクション1　空海　宮坂宥勝監修

主著『十住心論』の精髄を略述した『秘蔵宝鑰』、及び顕密を比較対照して密教の特色を明らかにした『弁顕密二教論』の二篇を収録。（立川武蔵）

空海コレクション2　空海　宮坂宥勝監修

真言密教の根本思想『即身成仏義』『声字実相義』『吽字義』及び密教独自の解釈による『般若心経秘鍵』と『請来目録』を収録。（立川武蔵）

秘密曼荼羅十住心論（上）　空海コレクション3　福田亮成校訂・訳

日本仏教史上最も雄大な思想書。無明の世界から抜け出すための光明の道を、心の十の発展段階（十住心）として展開する。上巻は第五住心までを収録。

秘密曼荼羅十住心論（下）　空海コレクション4　福田亮成校訂・訳

下巻は、大乗仏教から密教へ。第六住心の唯識、第七中観、第八天台、第九華厳を経て、第十の法身大日如来の真実をさとる真言密教の奥義までを収録。

鎌倉仏教　佐藤弘夫

宗教とは何か。それは信念をいかに生きるかということだ。法然・親鸞・道元・日蓮らの足跡をたどり、鎌倉仏教を「生きた宗教」として鮮やかに捉える。

観無量寿経　佐藤春夫訳・注　石田充之解説

我が子に命狙われる「王舎城の悲劇」で有名な浄土仏教の根本経典。思い通りに生きることのできない我々を救う究極の教えを、名訳で読む。（阿満利麿）

大乗とは何か　三枝充悳

仏教が世界宗教としての地位を得たのは大乗仏教においてである。重要経典・般若経の成立など諸考察を収めた本書は、仏教への格好の入門書となろう。

道教とはなにか　坂出祥伸

「道教がわかれば、中国がわかる」と魯迅は言った。伝統宗教として現在でも民衆に根強く崇拝されている道教の全貌とその究極的真理を詳らかにする。

増補 日蓮入門　末木文美士

多面的な思想家、日蓮。権力に挑む宗教家、内省的な理論家、大らかな夢想家など、人柄に触れつつ遺文を読解き、思想世界を探る。（花野充道）

反・仏教学　末木文美士

人間は本来的に、公共の秩序に収まらないものを抱えた存在だ。〈人間〉の領域＝倫理を超えた他者／死者との関わりを、仏教の視座から問う。

禅に生きる　鈴木大拙コレクション　鈴木大拙　守屋友江編訳

静的なイメージで語られることの多い大拙。しかし彼の仏教は、この世をよりよく生きていく力を与えるアクティブなものだった。その全貌に迫る著作選。

文語訳聖書を読む　鈴木範久

明治期以来、多くの人々に愛読されてきた文語訳聖書。名句の数々とともに、日本人の精神生活と表現世界を豊かにした所以に迫る。文庫オリジナル。

ローマ教皇史　鈴木宣明

二千年以上、全世界に影響を与え続けてきたカトリック教会。その組織的中核である歴代のローマ教皇に沿って、キリスト教全史を読む。（藤崎衛）

空海入門　竹内信夫

空海が生涯をかけて探求したものとは何か――。稀有な個性への深い共感を基に、著作の入念な解釈と現地調査によってその真実へ迫った画期的入門書。

原始仏典　中村元

釈尊の教えを最も忠実に伝える原始仏教の諸経典の数々。そこから、最重要な教えを選りすぐり、極めて平明な注釈で解く。（宮元啓一）

原典訳 原始仏典（上）　中村元編

原パーリ文の主要な聖典を読みやすい現代語訳で。上巻には「偉大なる死」（大パリニッバーナ経）「本生経」「長老の詩」などを抄録。

原典訳 原始仏典（下）　中村元編

下巻には「長老尼の詩」「アヴァダーナ」「百五十讃」「ナーガーナンダ」などを収める。ブッダのことばに触れることのできる最良のアンソロジー。

ほとけの姿　西村公朝

ほとけとは何か。どんな姿で何処にいるのか。千体を超す国宝仏の修復、仏像彫刻家、僧侶として活躍した著者ならではの絵解き仏教入門。（大成栄子）

選択本願念仏集　法然　石上善應訳・注・解説

全ての衆生を救わんと発願した法然は、ついに、念仏すれば必ず成仏できるという専修念仏を創造し、本書を著した。菩薩魂に貫かれた珠玉の書。

一百四十五箇条問答　法然　石上善應訳・解説

人々の信仰をめぐる百四十五の疑問に、法然が分かりやすい言葉で答えた問答集を、現代語訳して文庫化。これを読めば念仏と浄土仏教の要点がわかる。

龍樹の仏教　細川巌

第二の釈迦と讃えられながら自力での成仏を断念した龍樹は、誰もが仏になれる道の探求に打ち込んでいく。法然・親鸞を導いた究極の書。（柴田泰山）

阿含経典 1　増谷文雄編訳

ブッダ生前の声を伝える最古層の経典の集成。第1巻は、ブッダの悟りの内容を示す経典群、人間の肉体と精神を吟味した経典群を収録。（立川武蔵）

阿含経典 2　増谷文雄編訳

第2巻は、人間の認識（六処）の分析と、ブッダ最初の説法の記録である実践に関する経典群、祇園精舎を訪れた人々との問答などを収録。（佐々木閑）

阿含経典 3　増谷文雄編訳

第3巻は、仏教の根本思想を伝える初期仏伝資料と、ブッダ最後の伝道の旅、沙羅双樹のもとでの〈大いなる死〉の模様の記録などを収録。（下田正弘）

バガヴァッド・ギーターの世界　上村勝彦

宗派を超えて愛誦されてきたヒンドゥー教の最高経典が、仏教や日本の宗教文化、日本人の思考に与えた影響を明らかにする。（前川輝光）

邪教・立川流　真鍋俊照

女犯の教義と髑髏本尊の秘法のゆえに、徹底的に弾圧、邪教法門とされた真言立川流の原像を復元し、異貌のエソテリズムを考察する。貴重図版多数。

増補 チベット密教　ツルティム・ケサン／正木晃

インド仏教に連なる歴史、正統派・諸派の教義、個性的な指導者、性的ヨーガを含む修行法。真実の姿を正確に分かり易く解説。（上田紀行）

密教　正木晃

謎めいたイメージが先行し、正しく捉えづらい密教。その歴史・思想から、修行や秘儀、チベットの性的ヨーガまでを、明快かつ端的に解説する。

増補 性と呪殺の密教　正木晃

性行為を用いた修行や呪いの術など、チベット密教に色濃く存在する闇の領域。知られざるその秘密に分け入り、宗教と性・暴力の関係を抉り出す。

大嘗祭　真弓常忠

天皇の即位儀礼である大嘗祭は、秘儀であるがゆえ多くの謎が存在し、様々な解釈がなされてきた。歴史的由来や式次第を辿り、その深奥に迫る。

正法眼蔵随聞記　水野弥穂子訳

日本仏教の最高峰・道元の人と思想を理解するうえで最良の入門書。厳密で詳細な注、わかりやすく正確な訳を付した決定版。（増谷文雄）

空海　宮坂宥勝

現代社会における思想・文化のさまざまな分野から注目をあつめている空海の雄大な密教体系！　空海密教研究の第一人者による最良の入門書。

ちくま学芸文庫

釈尊《しゃくそん》の生涯《しょうがい》

二〇一九年十一月十日　第一刷発行

著者　高楠順次郎（たかくす・じゅんじろう）

発行者　喜入冬子

発行所　株式会社　筑摩書房
東京都台東区蔵前二―五―三　〒一一一―八七五五
電話番号　〇三―五六八七―二六〇一（代表）

装幀者　安野光雅

印刷所　株式会社精興社

製本所　株式会社積信堂

ISBN978-4-480-09955-6 C0115